ENTRE LÍNEAS.

Cien apuntes de actualidad de un jurista.

JAVIER JUNCEDA

Entre Líneas. Cien apuntes de actualidad de un jurista.

Autor: Javier Junceda
Axiara Editions
Directores: Eduardo González Viaña y Efraín M. Díaz-Horna
Diseño de cubierta: Efraín M. Díaz-Horna
Foto del autor: Jaume Figa Vaello (@jaumefv)
Ilustraciones del interior: Juan Junceda Moreno
Segunda Edición, Febrero del 2017
Salem, Lima, Nueva York
ISBN-13: 978-1539861867
ISBN- 10: 1539861864

"Javier Junceda, eminente jurista y correspondiente de la Academia Norteamericana de la Lengua Española, ha hecho bien en agavillar en libro una selección de sus numerosos artículos periodísticos sobre temas culturales y políticos --entre otros-, incisivos y en un castellano elegante y preciso".

Gerardo Piña-Rosales
Director, Academia Norteamericana de la Lengua Española (ANLE)

"Los artículos de Javier Junceda se caracterizan por su agilidad, precisión y claridad en los temas que trata. Javier es un intelectual y académico que recurre al periodismo para influir en la opinión pública sobre temas de actualidad que generan polémica. Hay también en ellos un trasfondo que demuestra su amplia cultura".

Francisco Miró Quesada Rada
Director de *El Comercio*. Lima, Perú (2008-2013).

"Junceda escribe con una prosa directa, sin artificios ni efectismos, con intención y oportunidad. Son artículos en los que pone en valor su potente formación jurídica para abordar cuestiones cercanas que analiza desde la inteligencia y el sentido común....virtudes, ay, tan escasas. Libro para la reflexión y el disfrute!!!"

Ladislao Azcona.
Periodista. Presidente del Consejo Social de la Universidad de Oviedo.

"Los artículos de Javier Junceda constituyen un soplo de aire fresco, limpio y sereno, un foco de luz intensa, clara y veraz, propios ambos de sus tierras nativas de Asturias y que nos despejan dudas e iluminan realidades en los más más variados campos sobre los que se proyectan. Un acierto de la editorial, el haberlos reunido en un libro".

Josep-D. Guàrdia Canela.
Presidente de la Acadèmia de Jurisprudència i Legislació de Catalunya.

A la memoria de Juan Manuel Junceda Avello,
mi ejemplar padre.

Javier Junceda

ÍNDICE

B).-ECONOMÍA.

C).-SOCIEDAD.

I.- PRESENTACIÓN.

Tras concluir el bachillerato, conversé con mi padre sobre los estudios universitarios que procedía iniciar. Nos sentamos frente a frente en el salón de casa. Le expuse despacio mis inclinaciones hacia el periodismo, nacidas seguramente de mi temprana participación en una revista colegial donde había tenido la fortuna de poder entrevistar, en pantalones cortos, a algunos personajes contemporáneos de relieve (los Premios Nobel Camilo José Cela y Severo Ochoa, entre otros). Me encantaba conocer de primera mano las cosas y contarlas, afición que he conservado con el paso del tiempo. A eso se unía mi predilección por las letras y la completa falta de interés y capacidad hacia los números o los saberes experimentales, que habían sido uno de mis mayores tormentos escolares. Quería hacer la carrera de ciencias de la información, aunque para ello tuviera que desplazarme a Madrid a vivir.

Mi querido padre me escuchó pacientemente, dando pequeñas caladas a su cigarrillo mentolado. Acto seguido, me persuadió con el siguiente razonamiento, mirándome fijamente a los ojos: "*si haces derecho también podrás dedicarte al periodismo, pero si haces periodismo nunca podrás defender pleitos*". Admiraba el oficio de periodista -de hecho fue durante años asiduo columnista de La Nueva España, tarea en la que yo echaba una mano pasando a ordenador sus artículos y conversando sobre ellos- pero le apenaba que padeciera tanta fragilidad como profesión, motivo por el que me aconsejaba ser algo así como un *abogado que escribiera*.

11

Así lo hice, y en honor a la verdad sin imposición paterna alguna, sino simplemente porque me parecía muy pragmática su propuesta. Me matriculé de inmediato en los estudios de derecho y, desde el primer año, la vocación por la pluma volvió a cruzarse una y otra vez en el camino. Cursando la licenciatura tuve la suerte de dirigir y presentar un programa universitario semanal en Radio Nacional de España, colaborando además con frecuencia en la revista de la universidad, o haciendo incursiones en la prensa de Oviedo, mi ciudad natal.

Durante el cuarto de siglo posterior, los sabios consejos de mi padre fueron seguidos a rajatabla, dedicándome a defender pleitos, a enseñar y a escribir, del derecho y de la vida. En ello estoy y seguiré, Dios mediante.

El presente libro recoge una selección de esa obra periodística. Un primer grupo de artículos tiene como hilo conductor la defensa del medio ambiente, materia que siempre me ha cautivado y a la que he dedicado buena parte de mi producción académica y mi quehacer profesional como letrado. El otro bloque lo componen columnas de índole general, sobre los más variados asuntos de actualidad, en especial la política, la economía y las cuestiones sociales, que tan sugerentes me parecen.

Todos estos textos han sido publicados en la prensa española en aquellos medios en los que soy autor, gracias a la generosidad de sus editores. En concreto, en los diarios *ABC*, de Madrid, toda una institución informativa internacional; en *La Vanguardia*, de Barcelona, la referencia en Cataluña; en los periódicos del Grupo Editorial Prensa Ibérica, líderes en sus respectivos ámbitos de difusión (*La Nueva España, El Faro de Vigo, La Provincia-Diario de las Palmas, Diario de Mallorca, Información, Levante-El Mercantil Valenciano, Diari de Girona, Diario de Ibiza, La Opinión* –de *Málaga, Murcia, Tenerife, Zamora, La Coruña*-); en *Expansión*, principal diario económico de España y en *El Confidencial Digital*, uno de los más influyentes en internet. Algunos de estos trabajos han visto la luz, también, en la prensa peruana, en concreto en *La Voz de la Calle*, semanario de la ciudad de Trujillo. Y en *El Periódico de Catalunya, Lawyerpress* y *Sumando Historias*, esta última una magnífica revista universitaria on line de Barcelona.

Detrás de todos estos trabajos está siempre el deseo de que mis reflexiones puedan suscitar en el lector la misma inquietud intelectual que me mueve al idearlos y redactarlos, tarea en la que, además, me lo paso formidablemente bien. Y que sirvan al menos para contribuir a formar una opinión pública alejada de la liquidez imperante, que vaga sin rumbo cierto hacia ningún lugar. Confío en haberlo intentado y en ello trataré de seguir insistiendo, con su permiso.

II.- SOBRE LA DEFENSA DEL MEDIO AMBIENTE.

1.- EL DERECHO A UNA VIDA SIN RUIDOS (*La Nueva España*, 7 de marzo de 2004).

Tras elegir la adecuada ubicación y distribución del piso que pretendo adquirir, convengo su precio. Selecciono después la hipoteca que más se ajusta a mis posibilidades, me la conceden, formalizo ante el notario el correspondiente contrato de compraventa y en cuestión de semanas espero estar ya durmiendo plácida e ilusionadamente en él. Pese a que de forma expresa había intentado no comprar el inmueble en las proximidades de zonas de copas, creyendo con candorosa ingenuidad que mi elección no sería alcanzada jamás por los ruidos de la movida, apenas en dos meses viviendo en mi domicilio descubro, primero, que debo afrontar un notable desembolso para poner doble cristal en las habitaciones exteriores; segundo, que dicho remedio ya no es suficiente y de he incrementar la inversión hacia el cambio de ventanas; tercero, que no queda más remedio que procurarme habitualmente tapones en la farmacia para poder dormir; cuarto, que ya no cumplen su función los tales tapones y tengo que probar con algún somnífero; quinto, que ni con medicinas tiene arreglo el tema, al aquejar ya a mi mujer y a mi hija recién nacida; sexto, que la única salida que me queda consiste en vender o malvender la casa (a qué precio, me pregunto angustiado), porque resulta insufrible descansar en ella.

Japón y España, por ahora por este orden, comparten el dudoso privilegio de ser las dos naciones del planeta más ruidosas. Si se nos pudiera escuchar desde el espacio, a buen seguro que los sonidos que hasta allí llegarían procederían de alguno de los dos países. Casi un tercio de nuestra población padece estoicamente, noche sí y noche también, las voces, gritos, escapes libres y botellas reventadas contra el suelo de una turba de sujetos a quienes les trae sin cuidado todo lo que no sea solazarse a costa del prójimo. Percibiendo esta grave situación, que ya entonces comenzaba tímidamente a advertirse, el reglamento de actividades clasificadas de 1961 contempló como molestas aquellas actuaciones humanas que constituyeran incomodidad por los *"ruidos y vibraciones que produzcan"*, incluyendo dentro de esta categoría (recordada, dicho sea de paso, por múltiples ordenanzas específicas posteriores), a cualesquiera actividades capaces de generar dicha contaminación acústica, sometidas por ello a la conocida licencia de apertura municipal.

A esta norma, y sin perjuicio de las limitadas reglas civiles dispuestas para atajar los ruidos a través de las llamadas relaciones de vecindad, teoría de las inmisiones y responsabilidad por daños (un tanto inapropiadas cuando esta contaminación adquiere el carácter colectivo e indeterminado de que hoy en día goza), seguiría con el tiempo una larga serie de mandatos de naturaleza legal administrativa, configurando de esta manera un marco regulador sumamente atomizado y, por ello, carente de la solidez y efectividad precisas en cuanto a su recta aplicación.

Así las cosas, y a salvo determinados avances en la lucha frente a este delicado factor arbitrados desde los poderes legislativos, el esperable revulsivo normativo que resuelta de una vez esta enojosa cuestión ha venido dado por la Ley española 37/2003, de 17 de noviembre, del ruido, esperada ley que, con sus luces y sombras, consagra formalmente algo que ya nuestra jurisprudencia había pronunciado alto y claro, que la recepción de ruidos no deseados en el entorno familiar, provocando daños a sus moradores, puede afectar a los derechos fundamentales reconocidos en los artículos 18,1 y 15 de Constitución, por lo que se definen los derechos a la intimidad personal y familiar y a la integridad física y moral.

En efecto, y a resultas de las reiteradas decisiones del Tribunal de Derechos Humanos de Estrasburgo, el Constitucional español ha vuelto a recordar, por si no hubieran resultado demasiado aleccionadoras sus previas sentencias 199/1996 y, sobre todo, la 119/2001, que *"cuando la exposición continuada a unos niveles intensos de ruido ponga en grave peligro la salud de las personas, esta situación podrá implicar una vulneración del derecho fundamental a la integridad física y moral (artículo 15 de la Constitución)"* y que *"en el ámbito domiciliario es aquél en el que los individuos, libres de toda sujeción a los usos y convenciones sociales, ejercen su libertad más íntima, por lo que una exposición prolongada a unos determinados niveles de ruido que puedan objetivamente calificarse como evitables e insoportables ha de merecer la protección dispensada al derecho fundamental a la intimidad, en el ámbito domiciliario, en la medida que impidan o dificulten gravemente el libre desarrollo de la personalidad".* Imposible igualar en claridad.

Con todo, y pese al expeditivo tenor del criterio del supremo intérprete de la Constitución, del que se han hecho eco hasta el momento, sentencias en diversas partes de España, en ocasiones debe seguir recordando el Supremo que estas pacíficas reglas deben ser acogidas en todos los territorios, como recuerda la sentencia de 17 de noviembre de 2003 sobre la inactividad de un municipio asturiano en esta materia.

Bienvenido, pues, el nuevo recordatorio constitucional y sea doblemente bienvenido por volver a insistir en que se puede congeniar el ocio con lo que no lo es, amparando como es debido a la parte más desfavorecida en este asunto, que sigue siendo, como ya lo era en la Grecia antigua en sus normas prohibiendo el ruido nocturno producido por los carruajes, el que tan solo pretende vivir y dormir en paz. Que así sea.

2.- LOS SILENCIOS DE LA FUTURA LEY DEL RUIDO (*ABC*, 2 de junio de 2006)

España es la segunda nación más ruidosa de la tierra, afectando este problema a cerca de un 23% de la población, cifra que comprende a unos nueve millones de pacientes ciudadanos, según datos de la OCDE. Un tanto más comedida en sus cálculos, la Comisión Europea ha corroborado hace apenas meses nuestra plusmarca acústica, consistente en sobrepasar con creces el umbral del 15% del censo continental que soporta serios trastornos a causa del ruido.

Sensible a este perturbador fenómeno, que lleva tiempo

comprometiendo centenares de jornadas laborales, devaluando inmuebles y suelos urbanísticamente valiosos o alterando sin más nuestra salud y calidad de vida, el Parlamento y el Consejo europeos adoptaron la Directiva sobre evaluación y gestión del ruido ambiental, a resultas de las conclusiones propuestas en el célebre *Libro Verde sobre Política Futura de Lucha contra el Ruido*, por el que se sugiere armonizar los límites de contaminación acústica en la Unión Europea e instaurar controles oportunos sobre sus diferentes fuentes generadoras.

A pesar de las discutibles observaciones formuladas en su día por los representantes españoles en el proceso de elaboración de la Directiva, al defender incluso que el ruido era consustancial a nuestra tradición cultural o realidad social, al final se ha impuesto la responsable observancia a esta tan esperada norma europea, procediéndose a su debida transposición a través de la Ley del ruido, proyecto confeccionado a instancias del Gobierno.

En el articulado de la Ley, así, se descubre con absoluta fidelidad un buen número de mandatos advertidos en la propia Directiva, intentando mitigar la aciaga atomización de disposiciones sobre la materia de rango secundario, e incluso recordando los valores constitucionales vinculados a este nocivo factor, previstos en los artículos 18.1, 43 y 45 de nuestra Carta Magna, el primero de ellos consagrado como derecho fundamental a la intimidad personal y familiar.

No obstante, y acaso lastrado este proyecto por la toma de postura de nuestras autoridades ambientales acerca del carácter *"tradicional y cultural"* de la contaminación acústica cuando viene generada por las actividades de ocio, en el texto propuesto se excluye expresamente de su aplicación a aquellos ruidos originados por las relaciones de vecindad amparadas en los usos sociales (?), relaciones que representan, hoy por hoy, uno de los focos cualitativa y cuantitativamente más habituales de este problema en España, desde los pequeños pueblos a las grandes ciudades, y en particular los fines de semana.

Con todo, y tras el explícito silencio que a la norma le merecen los ruidos derivados de la movida y el ocio, sorprende que el propio diseño legal les acabe indirectamente alcanzando, al someter a los establecimientos donde se practica este arraigado uso social a la revisión de sus licencias municipales, o en su caso a ejemplarizantes sanciones, si no cuentan con adecuadas medidas de prevención de la contaminación acústica mediante la aplicación de las mejores tecnologías disponibles.

En suma, encomiable resulta que se resuelva disciplinar por Ley aquellos niveles sonoros del todo incompatibles con la vida ciudadana, al establecer eficaces reglas como la planificación del territorio en áreas de mayor o menor incidencia a los mismos, pero no sería menos celebrado por quienes padecen estoicamente la proximidad con las zonas de copas que, en redacciones futuras de esta norma se acabara de incluir formalmente a cualquier género de contaminación acústica, y máxime a los ruidos derivados del ocio diurno o nocturno, ya que, de otro modo, mucho nos tememos que el meritorio trabajo emprendido desde el ejecutivo corra el serio riesgo de quedarse a medio camino, para mayor satisfacción de los fabricantes de dobles ventanas.

3.- ESPAÑA TRAS KIOTO (*La Nueva España*, 15 de diciembre de 2003).

El llamado cambio climático sigue dando nuevas muestras de sus aciagos efectos en España y resto de Europa. Ciento cinco personas han fallecido a causa de la ola de calor estival, según cifras oficiales. Más de treinta mil en el continente. Los daños a la agricultura se evalúan en mil millones de euros, con un considerable incremento del consumo de electricidad a resultas del mayor uso de las instalaciones de aire acondicionado. Los umbrales de gravedad de este singular fenómeno continúan superándose, sin que las medidas para combatirlos sean aún suficientes.

Incluso, la toma de postura de los países más industrializados del planeta continúa poniendo en entredicho el protocolo de Kioto, principal tratado que contamos para contener las emisiones que provocan estas súbitas alteraciones climáticas, como lo revela la enésima negativa a firmarlo protagonizada por la nación que expulsa a la atmósfera el 17,4% de gases de efecto invernadero mundial, Rusia, sumándose a la postura ya conocida de otros países, China, Estados Unidos o Australia, responsables de más de la mitad de la contaminación global.

El hecho mismo de la existencia del citado tratado y de sus plurales consecuencias, la económica a la cabeza, a buen seguro requiere de un somero examen sobre los frutos que hasta el momento ha generado, así como del grado de cumplimiento que haya podido alcanzar.

Este balance de urgencia de los años post Kioto resulta paradójico. Estados Unidos ha atemperado sus emanaciones al incrementarlas apenas un 16% entre 1999-2002 pese a no haber suscrito el convenio, lo mismo que ha sucedido con China, con crecimiento del 5% en el mismo intervalo aun registrando una de las mayores tasas de PIB mundial, rondando el 7%. Por el contrario, en España las emisiones de gases han ascendido al techo de 38,06%, más del doble de lo permitido por Kioto (que es del 15% entre 1990 y 2010) y cinco veces más que las emisiones totales del planeta (que son del 8,2% anuales). Es decir: España, firmante de Kioto, aumenta su contaminación causante del cambio climático más del doble que Estados Unidos y ocho veces más que China, países que se niegan por el momento a participar en él.

Estos datos, de *Worldwatch,* hablan por sí solos: no por ratificar un tratado se cumple con lo estipulado. E incluso hablan más: pese a los benéficos propósitos del tratado, se precisan mandatos efectivos y reales que procuren sus logros a medio y largo plazo, a costa seguramente de actividades económicas que la ciencia ha considerado nocivas y que, por ello, deberán ceder ante otras más compatibles o inocuas.

Otro detalle clarificador a estos efectos es el siguiente: en España, el sector que genera mayor volumen de emisiones de dióxido de carbono es el de la producción energética, del 77, 73%, con un incremento del 43,38% desde 1990. Esas emisiones aumentarían un mínimo del 64% hasta 2010, lo que convertiría en utópico cumplir con Kioto.

El verdadero dilema, pues, nace de la opción que pronto deberemos plantear sobre el mantenimiento de formas de producción tradicionales, con sus conocidos problemas ambientales, o sobre el respaldo a fórmulas de eficiencia y fomento de las fuentes renovables, o de producción nuclear. Los datos, desde luego, están ahí para entenderlos.

Los modos y maneras de producción clásicos, al igual que sucediera en la Revolución Industrial, precisan de urgente actualización al ritmo de los valores sociales de cada momento. Por eso, ante la implementación del protocolo de Kioto, solo caben dos alternativas: o acatar sus mandatos potenciando las actividades sostenibles y penalizando las insostenibles; o esperar pacientemente la reacción sancionadora por infringirlos.

O quizá quepa, quién sabe, una última opción. Abandonar el tratado, ya que estar en él no asegura poder frenar la contaminación que provoca el cambio climático, sino justamente todo lo contrario.

4.- BUSH Y KIOTO (*ABC*, 6 de mayo de 2002).

Estados Unidos, la nación del planeta que más gases contaminantes emite a la atmósfera, persiste en su negativa a suscribir el Protocolo de Kioto, por el que, como bien se sabe, se pretenden estabilizar y reducir estas emanaciones, derivadas fundamentalmente de procesos químicos y de quema de combustibles fósiles (como el petróleo, el carbón, el gas natural y la madera), presuntos causantes del calentamiento de la tierra y del denominado cambio climático.

Los polémicos propósitos norteamericanos en esta materia pueden sintetizarse, en sus grandes rasgos, como sigue: ya que la ciencia aún no se ha puesto de acuerdo sobre las causas reales de esta eventual alteración del clima, es mejor seguir como hasta ahora, alentando a las empresas contaminantes en su normal crecimiento, como quiera que los frutos de la riqueza que generan son los únicos que posibilitan la continuación de programas de investigación en la materia y la subsiguiente aplicación de tecnologías limpias en los procesos industriales. Lo contrario, concluyen los norteamericanos, acarrearía devastadores efectos económicos y sociales, amén de comprometer el progreso de las naciones en vías de desarrollo, a las que se condenaría en su atávica situación de pobreza y extrema precariedad.

Ahora bien, al hilo de estos criterios, de este naciente, sugerente y desde luego revolucionario *New Deal* ambiental, resulta sensato cuestionarse si éste parte de unas bases consistentes, o, mejor, si es enteramente responsable que quien sigue siendo uno de los mayores causantes de estos inconvenientes se aplique a sí mismo su propia y original receta, eludiendo los mandatos del resto de la comunidad internacional.

Como queda dicho, los norteamericanos basan su novísima ideología en un hecho que entienden pacífico: sus científicos no acaban de confirmar los negros vaticinios sobre el calentamiento de la atmósfera, y menos aún que esa presunta alteración guarde relación alguna con las actividades productivas, razón por la cual no se debe modificar la actividad diaria de cientos de factorías y el consumo de combustible por millones de ciudadanos, ya que ello revelaría una grave imprudencia e irresponsabilidad, con paralelo estancamiento económico y aun el retorno a épocas preindustriales.

Sin embargo, en este discurso se esconden, cuando menos, dos sutiles contradicciones. A saber: si se confía en el progreso industrial tal y como está, para que la riqueza que provee sea aplicable al fomento de tecnologías limpias, se está constatando la necesidad del uso de dichas tecnologías, reconociéndose, al tiempo, los serios problemas que se pretenden ocultar so pretextos científicos. En segundo término, y pese a la ausencia de consenso de la ciencia internacional en esta materia, ¿quiere ello decir que es más responsable actuar manteniendo el actual *statu quo* industrial que implementar estrategias de cautela y acción preventivas?

Esta especial huida hacia adelante que se preconiza desde Estados Unidos nos debe aclarar aún estas dos paradojas. En cuanto a la primera, ni que decir tiene que ningún esfuerzo económico o productivo habría de hacerse por las empresas norteamericanas en el asunto ambiental si no existieran dilemas irresolubles a medio y largo plazo, como queda dicho. Si todo va bien, ¿para qué implementar entonces tecnologías limpias e incentivar programas de investigación ambiental? Déjese a dichas factorías a su propio ritmo y elúdase el control nacional o internacional de sus emisiones...

Pero, sobre todo, procede enfatizar que el discurso ambiental del presidente Bush se aleja diametralmente de un criterio jurídico elemental, que impone, ante la duda, un sereno ejercicio de prudencia. Esto es: ante opiniones científicas encontradas, como resulta en este caso, el propio sentido común anima a actuar de forma preventiva, optando por atenuar los efectos de cualesquiera actividades a la espera de las conclusiones sobre el particular que vayan sedimentándose y consolidándose por la ciencia, tal y como se consagra, por cierto, en el propio Tratado de la Unión Europea, por el que su política ambiental se pretende basar, entre otros, en los principios de cautela y acción preventiva.

Se puede aceptar que la vigente postura norteamericana se cimente sobre rigurosas tesis científicas, infinitamente más optimistas que las desoladoras de la comunidad internacional, pero no es menos cierto que estos agoreros argumentos también cuentan con una legión de especialistas de primer orden en su defensa.

En consecuencia, lleva razón el gobierno Bush si discrepa del desmedido alcance de Kioto en esta materia (conduciría a una profunda recesión, de proporciones inimaginables, dice), pero no estamos en condiciones de asegurar que sea del todo cabal mantener el nivel de emisiones tal y como está, dados los oscuros presagios, aunque no unánimes, que se ciernen sobre este trascendental riesgo.

Acaso se olvida por las autoridades de Estados Unidos que no sólo hay negro y blanco. También existe una amplia gama de grises a su entera disposición.

5.- ENERGÍAS PARA EL CAMBIO CLIMÁTICO (*La Nueva España*, 20 de marzo de 2007).

Los indicios de un gradual cambio climático mundial no parecen, a día de hoy, materia de excesiva discusión en foros científicos. Ahora bien, si dichas alteraciones responden en exclusiva a actividades humanas u obedecen a inevitables ciclos naturales del planeta, es ya harina de otro costal, a buen seguro uno de los mayores dilemas contemporáneos.

De consolidarse esta última tesis, nulo interés práctico y alto riesgo económico entrañarían las propuestas generalizadas para tratar de enmendar comportamientos y modos de producción. Las cosas, sobre este estoico escenario, habrían de discurrir entonces entre fatales e impasibles derroteros hasta la traca del fin de fiesta. Contamos, eso sí, con vestigios de graves transformaciones meteorológicas padecidas en nuestro remoto y no tan pretérito pasado, a través de gélidas o tórridas eras en las que se desconocían los modernos y tan nocivos usos industriales. Existen, igualmente, no pocas civilizaciones que se asentaron en tal o cual territorio huyendo de tal o cual crudeza o insolación.

Con todo, sobre lo que sí aparenta coincidir la certidumbre científica es en los síntomas que vinculan, en íntima correspondencia, a dichas modificaciones del clima y las necesidades energéticas, hasta hoy asentadas en el abuso de combustibles carbonosos, cuyas emanaciones continúan siendo causantes de un altísimo porcentaje de la contaminación global (algunos indicios hablan incluso del ochenta por ciento).

Seguir por esta senda del dióxido de carbono, se nos revela desde medios técnicos, podría adelantar los perversos efectos del cambio climático, acelerando sus trágicas convulsiones. Europa ha vuelto a apostar por una política energética que mitigue tales inminentes repercusiones, garantizando al mismo tiempo un abastecimiento que permita el armónico desarrollo económico y social de sus Estados. En Norteamérica, su presidente acaba de proclamar con toda solemnidad ante su Parlamento por vez primera en la historia que se impone *"hacer frente al desafío del cambio climático mundial"*, a través precisamente de un nuevo horizonte energético.

Sobre el papel que proporcionan los documentos y disposiciones del contexto mundial, podemos contar con algunas poderosas señales que alumbran ese rumbo sin el concurso de los hidrocarburos. Por un lado, el orbe desarrollado apunta hacia la generación de electricidad a través de fuentes solares, eólicas, nucleares y, en mucha menor medida, del carbón limpio, supeditado al progreso de los mecanismos de secuestro del CO2. Así mismo, se acaban de formular propuestas para seguir investigando sobre baterías de vehículos e híbridos, o para ampliar el uso del biodiesel no contaminante o el etanol a partir de biomasa (astillas de madera, hierbas, maíz o desechos agrícolas).

El abandono progresivo de los combustibles fósiles, pues, parece que se ha iniciado, como lo revela la intención de reducir la atávica adicción norteamericana al petróleo en un veinte por ciento durante la próxima década, incrementando al tiempo el suministro de combustibles alternativos. El escenario, por tanto, está ya presidido por estrategias entre las que no cuesta destacar la generación de origen nuclear, la renovable y la eficiencia o ahorro energético.

En qué medida dominará una u otra fuente es algo que el tiempo dirá, aunque los augurios europeos cifran en un optimista veinte por ciento el procedente de renovables en 2020 (apenas suman en 2007 el siete por ciento de la trata eléctrica). El otro veinte por cierto procederá del posibilitado por los nuevos bienes de equipo eficientes energéticamente y el restante porcentaje a repartir entre las centrales nucleares, que generan un tercio de la electricidad europea, y los demás medios de producción termoeléctricos a gas y/o carbón, lastrados por las penalizaciones dispuestas en el Protocolo de Kioto.

¿Futuro nuclear, entonces? En occidente se coincide en su menor vulnerabilidad a alteraciones de precios, en su no emisión de gases causantes del cambio climático, en su abastecimiento asegurado e incluso en los avances experimentados en el régimen de residuos y de clausura de estas instalaciones. Que al final ello sea así dependerá en gran medida de la responsabilidad pública y, sobre todo, de la huida de rancias posturas ancladas en sambenitos y clichés impropios de estos tiempos.

Las fuentes renovables pueden ser el futuro, pero no colman nuestras necesidades actuales ni las futuras. Una realidad y una lástima. Por eso, como sostiene Lovelock, combatir el cambio climático solamente con energías renovables equivale a tratar a un enfermo grave con medicinas alternativas.

6.- PARQUES NACIONALES, UN FUTURO INCIERTO (*ABC*, 13 de diciembre de 2004).

La sentencia del Tribunal Constitucional reconociendo al Estado únicamente facultades para legislar lo básico del asunto ambiental, y no para retener la gestión de dicha legislación en lo tocante a los Parques Nacionales, presagia sin duda un futuro incierto para estos espacios, y singularmente para Picos de Europa, único con superficie en tres Comunidades Autónomas.

Las consecuencias de este pronunciamiento, que el tiempo dirá si acabarán alcanzando también a las demás materias ambientales sobre las que el Estado conserva aún poderes de gestión (costas y aguas interiores que atraviesan más de una Comunidad, al cuidado del Ministerio de Medio Ambiente, órgano en riesgo de notable vaciamiento de su actividad), animan a una detenida reflexión acerca de la idoneidad de la recién proclamada gestión autonómica exclusiva sobre los Parques Nacionales, y, sobre todo, sobre la delicada situación que deja a nuestro primer parque declarado por Ley.

Partiendo de la orientación de la sentencia, tanto la planificación de los trece Parques Nacionales, como su organización actual a través de fórmulas de *cogestión* entre Estado y Comunidades, deben estimarse materias ajenas a la actuación estatal, a salvo los procedimientos formales de aprobación y el debido acatamiento a la legislación básica reguladora de estas zonas.

Ahora bien, el supremo intérprete podría haberse detenido en este concreto punto en la propia singularidad de los Parques Nacionales, cuya preservación es formalmente declarada por Ley de Cortes como «*de interés general de la Nación*» al albergar un patrimonio natural representativo de los principales sistemas ecológicos españoles. A diferencia de los restantes espacios protegidos, como los Parques Naturales, de titularidad autonómica antes y ahora, los Parques Nacionales gozan de un elemento definidor derivado de su originalidad y particularidad, elementos que desbordan las bondades de cualquier otro espacio a proteger. Justamente el criterio diferencial entre un Parque Nacional y uno Natural radica en dicha relevancia y excepcionalidad, al igual que acontece con el Museo del Prado, de titularidad estatal pese a radicar en la Comunidad de Madrid, y los diversos museos de arte diseminados por las distintas regiones, sumamente estimables pero nunca parangonables con la bien llamada pinacoteca nacional.

Por esta razón, de especial interés resultará a partir de ahora discernir cuándo estamos ante las dos clases de Parques que contempla nuestra legislación, los Nacionales y Naturales, como quiera que, al margen del procedimiento formal de declaración de uno u otro (Ley de Cortes o Autonómica), al fin estaremos hablando del mismo espacio en la práctica, máxime en el supuesto de aquellos Parques Nacionales que radican en su integridad en un mismo territorio autonómico.

Con todo, el problema más delicado de la eventual retirada de la Administración del Estado del sistema de gestión actual en los Parques Nacionales, radica en su ausencia en aquellos ubicados en más de una Comunidad Autónoma, como sucede en Picos de Europea pero puede suceder mañana en otros lugares, dejando en las exclusivas manos de las respectivas Consejerías de Medio Ambiente tanto las Comisiones mixtas de gestión, los patronatos o la designación de los directores-conservadores.

En relación con este tema, el Tribunal Constitucional no ha acertado a descubrir en la antaño benéfica, y hoy malhadada «cogestión», consagrada dicho sea de paso por una previa sentencia del mismo órgano, el instrumento idóneo para resolver los problemas y plasmar el principio constitucional de coordinación, optando en cambio por un modelo de relación entre Comunidades que dependerá, usualmente, de las relaciones de mayor o menor afinidad política que se mantengan entre ellas, por más que nuestro intérprete constitucional no ceje de apelar a la siempre imprecisa lealtad institucional.

El tiempo, por tanto, dará o quitará razones a esta súbita alteración del marco institucional de los espacios naturales protegidos, una materia que, por cierto, lleva años consumiendo folios y más folios de pertinaz e incansable discusión sobre su estructura jurídica o política, sin que aún nos hayamos detenido en los efectos, no necesariamente provechosos, que en ocasiones provocan estas fórmulas de defensa ambiental en las poblaciones y las especies naturales mismas.

7.- HOY *ZOO MARINO*, ¿Y MAÑANA?... (*ABC*, 10 de enero de 2005).

«Todo ome se puede aprovechar de la mar e de su ribera faziendo todas las cosas que entendiere que a su pro son», rezaban las Partidas. Al calor de esta idea, los cerca de ocho mil kilómetros de litoral español conocerían a lo largo de los siglos un lento proceso de depredación del que no resultaron ajenos tanto el aciago marco legal durante décadas vigente como la más reciente y paulatina atracción de los operadores urbanísticos hacia estos enclaves, donde reside casi el 40% de nuestra población.

A resultas de este desafortunado balance histórico, el armónico desarrollo de estas zonas, así como su paralela preservación a estrictos efectos conservacionistas, animó en 1988 al legislador estatal a sistematizar su actual régimen jurídico, procurando una ordenación alejada por vez primera de una de sus mayores amenazas: la ausencia de una visión homogénea de su integridad física a lo largo y ancho de nuestra extraordinaria orla litoral. Esta uniformidad en el tratamiento del dominio público costero evitando particularismos y dispensaciones, reforzada en 1991 con la doctrina constitucional que avala la titularidad y tutela estatal de estos bienes, continúa presente en nuestras normas a través de diversas herramientas, como la restricción categórica de determinados usos en el litoral o la excepcionalidad en la implantación de actividades en su entorno, incluso pese a poder satisfacer un interés general.

Así las cosas, el beneplácito a embarazosos precedentes de ocupación de zonas marítimo-terrestres a la carta, consistentes hoy en un zoológico marino y mañana en no se sabe qué otra ocurrencia municipal en uno u otro sitio, corre serio riesgo de hacer reverdecer repentinamente viejos y desdichados tiempos. Sería devolvernos a un desolador escenario de regresión de la línea de costa, de extracciones abusivas e incontrolables de áridos esenciales, o de realización de obras e instalaciones en las riberas sin prever sus nocivas consecuencias, máxime cuando tales proyectos son enteramente susceptibles de ser ubicados en otros lugares tierra adentro y adolecen, además, de cuestionable legalidad al no encuadrarse ni como usos permitidos ni como reservas o adscripciones, figuras previstas desde hace década y media en la normativa de costas para preservar nuestra fachada marítima y regular qué se puede y no se puede hacer en ella.

8.- DE BOSQUE A SELVA (*ABC*, 21 de julio de 2005).

Salvo contadas excepciones, quienes han vivido, generación tras generación, en las zonas naturales a las que la sociedad urbana contemporánea tanto presta hoy atención han sido los primeros y últimos custodios de sus arcanos, de sus riquezas, de sus esencias más profundas. En buena medida puede afirmarse que las bondades que nos sigue brindando nuestra naturaleza han sido posibles debido a las atenciones y esmeros de estas modestas gentes, de estos auténticos agentes ambientales que, pese a inclemencias de todo género, se han mantenido unidos a ella mimándola como algo propio.

Con todo, se ha convertido en un hecho múltiples veces denunciado que nuestros extraordinarios bosques llevan camino de perderse. Cada vez resulta más habitual en las comarcas forestales españolas detectar un progresivo abandono de los lugareños, y el paulatino avance anárquico de las especies vegetales que, desde siempre, tanto habían enaltecido su entorno.

Así, a la ausencia actual de interés energético de la madera (utilidad que, dicho sea de paso, diezmó al menos hasta el siglo XVIII nuestra cubierta vegetal, junto con la construcción naval o la actividad de La Mesta), se ha venido a unir últimamente la obstaculización y continuo gravamen de las actividades silvícolas inocuas y tradicionales practicadas desde tiempos inmemoriales por los vecinos de esas zonas, lo que ha supuesto, aquí y ahora, habituales escollos para acudir al bosque a velar por su identidad botánica, la renuncia forzada a ocupaciones forestales clásicas o, en fin, la ausencia de una debida limpieza invernal de los montes, plagados de una biomasa capaz de ejercer como excepcional acelerante de los pavorosos incendios de cada canícula.

Hoy, en suma, amplias extensiones de espacios forestales de España corren patente riesgo de pérdida como consecuencia de estrategias ambientales en las que aún se ignora y hasta desdeña la huella humana. En buena medida por un apriorismo infundado, muchas de nuestras normas y sus subsiguientes actuaciones públicas continúan partiendo del equívoco de considerar la intervención de los campesinos como sinónimo de depredación, cuando ello no siempre ha sido así, sino justamente lo contrario.

De modo que en los incendios forestales, cuyas luctuosas secuelas lamentamos, no procede tanto desentrañar sus orígenes inmediatos criminales o negligentes como descubrir el invariable contexto en que, año tras año, se producen: una notable desatención a nuestros bosques que alcanza a las cuatro estaciones, y muy significativamente al invierno, donde se obliga a crecer desordenadamente y entre rastrojos, maleza y broza, lo que antaño se cuidaba espontáneamente como un recoleto jardín.

Por todo ello, y reviviendo un verano más en nuestro país estos estragos forestales, no resulta trivial reabrir aquí un doble debate que ya se ha avanzado en otras latitudes sobre esta materia. Por un lado, el derivado de la discutible aplicación de medidas ambientales que prosiguen descuidando de sus agentes colaboradores en el propósito ecológico (la población rural); y de otro, el propio de la desconfianza y recelo que continúa existiendo en no pocas instancias públicas a la adecuada puesta en valor empresarial de los recursos silvícolas.

Si arraigamos a las gentes en su entorno natural, dotándolas de la suficiente confianza para velar por lo suyo, y las incentivamos además para sacar partido de los montes a través de aprovechamientos racionales, acaso muchos de los problemas que nos ocupan nunca tendrían lugar. Y no sucederían por dos razones: porque tendríamos entonces una leal y continua vigilancia y cuidado todo el año y porque, además, obtendríamos beneficios económicos y ecológicos nada desdeñables (mediante una producción forestal adecuada, y sus paralelas mejoras, repoblaciones, pistas forestales, cortas o podas apropiadas).

Por consiguiente, y dejando a un lado situaciones episódicas que desenmascaran tras un incendio una intención de cambio de uso del suelo a efectos urbanísticos o agrarios, un fraude con la madera quemada, una enfermedad mental o una negligencia grave -circunstancias para las que nuestro ordenamiento penal y administrativo cuenta con los debidos remedios, más o menos mejorables- es cierto que lo que acontece un verano sí y otro también en nuestros bosques puede encontrar vías de solución en estrategias como las apuntadas: convirtiendo de una vez a nuestras masas forestales en un recurso de primera magnitud susceptible de aprovechamiento empresarial, como sucede en muchos otros Estados -de los que, por cierto, adquirimos muebles en conocidas grandes superficies-, sin recelar administrativamente de sectores que son, además, los primeros interesados en la cantidad y calidad de su producto.

Si a esto unimos la presencia sobre el terreno, como mano de obra cualificada, de quienes conocen desde niños los bosques, ningún peligro existirá de respuestas tempranas ante los incendios, entre otras razones porque serán ellos mismos los que los evitarán a lo largo del año, también como principales protagonistas.

Sin embargo, lo que desgraciadamente no contribuyen demasiado a todo este estado de cosas son los bienintencionados e ingenuos planes y más planes en Power Point diseñados desde la moqueta de la ciudad, en los que lo único que muchas veces parece importar son las necesarias previsiones de medios aéreos o terrestres para acabar con los incendios, pero rara vez las adecuadas medidas para evitarlos al gestarse, que es cuando el verano está aún lejos.

Las consecuencias son y deben ser tenidas en cuenta, máxime cuando hay víctimas. Pero también es preciso aproximarse a las auténticas causas, y singularmente cuando llevan delante de nuestros ojos desde hace décadas sin que queramos -o sepamos- verlas.

9.- EL PARADIGMA AMBIENTAL DE ESTADOS UNIDOS (*ABC*, 15 de mayo de 2006).

Prejuicios aparte, es de suponer que quienes tan a menudo denigran la política ambiental norteamericana hayan reparado en lo mucho que ha significado en tal delicado asunto. A escala internacional, la contribución de los Estados Unidos es posible que no haya tenido parangón en la concepción de herramientas legales básicas para la solución de estos temas: la creación de parques naturales, la evaluación de impacto ambiental, la codificación del derecho ecológico, los mecanismos de responsabilidad e incluso el comercio de derechos de emisión de ciertas sustancias contaminantes, son insuperables creaciones de dicha política y legislación, instrumentos que por sus óptimos efectos han sido luego sabiamente aprovechados por la comunidad de naciones, incluida España.

Ningún otro país ha acumulado desde el inicio del contemporáneo derecho ambiental tanto y tan provechoso protagonismo en esta materia. Agraden o disgusten algunas de sus orientaciones en el contexto internacional -su apuesta por atemperar la ambición del Protocolo de Kioto, por ejemplo-, resulta incuestionable el liderazgo de los Estados Unidos de Norteamérica en buena parte de las instituciones esenciales que utilizamos a diario en medio planeta para resolver las amenazas ecológicas, más allá o más acá de que el huracán *Katrina* devaste Nueva Orleans, circunstancia que ningún origen común puede compartir con las actuaciones de gobierno, salvo para quienes extrañamente aún sostienen, a la ligera, que dejar de suscribir un convenio entraña exponerse a un catastrófico ciclón.

Como muestra de este particular empeño hacia los dilemas ambientales, acaso haya que pedir permiso para recordar que fue por aquellos pagos donde se concibió de forma pionera la noción de los espacios protegidos, idea bosquejada a principios del siglo XIX por el bucólico paisajista Catlin y consagrada en 1872 con el establecimiento del Parque Nacional de Yellowstone. A raíz de esta imaginativa iniciativa, también resulta obligado evocar que Estados Unidos ampara, entre parques y refugios de fauna salvaje, a más de setenta millones de sus hectáreas, extendiéndose dicha estrategia -si bien adulterada con el tiempo por un severo abuso de la primitiva fórmula, y de un maximalismo inercial en todos los países, incluido el nuestro-, nada menos que a cien mil áreas protegidas en todo el mundo, el equivalente al diez por ciento de la corteza terrestre o de la superficie de Europa duplicada.

Del mismo modo, no puede olvidarse que fueron los avanzados legisladores norteamericanos los primeros en dotar a sus Administraciones públicas de sistemas objetivos de control de las actuaciones con repercusión sobre la naturaleza, por medio de la evaluación de impacto ambiental y de la propia compilación de su normativa en la materia.

La primera figura, en la que todavía hacemos descansar la última palabra de las decisiones en temas ambientales en Europa, no sólo se ensayaría por vez primera en Estados Unidos, sino que a partir de sus experiencias acumuladas se han plasmado en las principales disposiciones internacionales. A su vez, su codificación -compendio de la normativa ambiental aplicable en un único texto, la *NEPA*, camino de cumplir sus fructíferos el casi medio siglo de fructífera vida-, igualmente sigue siendo un espejo en el que mirarse en entornos jurídicos como el nuestro, en donde la legislación motorizada, supersónica ya, continúa irrumpiendo con estrépito en los boletines, para menoscabo de retinas y desdoro de venerables principios como el que desde Roma nos enseñaba que *ignorantia iuris nocet* - que el desconocimiento del derecho no exime de su cumplimiento-. Hoy, la carencia de textos legales unificadores convierte la tarea aplicadora del derecho ambiental en una situación punto menos que jeroglífica, situación que además corre el riesgo de perpetuarse cuando no de acentuarse debido a la creciente proliferación de centros de poder legislativo dentro y fuera del país.

Finalmente, en cuestiones vinculadas a los mecanismos resarcitorios, también han sido precoces y juiciosos los norteamericanos, a través de las célebres soluciones patrocinadas en su *CERCLA -Comprehensive environmental response, compensation and liability act*, de patente influencia en las novísimas corrientes del derecho comunitario de daños-, como asimismo ha sucedido con el sistema de comercio de derechos de emisión de determinados compuestos contaminantes, como el dióxido de azufre, sometido desde 1990 a idéntico desenlace que el previsto en el Protocolo de

Kioto para otros seis gases de efecto invernadero.

En consecuencia, y al igual que ha acontecido con todos estos propicios hitos, es razonable y deseable pensar que los nuevos modos y maneras ensayados al otro lado del Atlántico, esas modernas y rigurosas corrientes ambientales tan alejadas de apriorismos, extremismos y charlatanería, nos alcancen venturosamente a no tardar, incluida la decidida apuesta por combustibles como el hidrógeno y el progresivo abandono de la adicción al petróleo, tal y como acaban de anunciar nuevamente audaces las autoridades americanas. Nadie es perfecto. Ninguna nación lo es. Pero quien sostenga que Estados Unidos nada ha contribuido a la materia ambiental falta a la verdad. O habla de otras cosas.

10.- EL CAMPESINO, DEFENSOR DEL MEDIO AMBIENTE, (*La Nueva España,* 6 de junio de 2005).

"*El bosque pirenaico, a punto de convertirse en selva*". Hace apenas meses, me sorprendió este titular de prensa. El reportaje, documentado con diversos testimonios personales, reflejaba un hecho cada vez más habitual en las comarcas del valle de Arán, de la Cerdaña o la Garrocha: el progresivo abandono de los payeses de estos lugares, y el paulatino avance anárquico de las especies vegetales que, hasta entonces, habían enaltecido su entorno.

¿Causas? En el propio informe periodístico se apuntaban algunas: el impedimento de labores agropecuarias o forestales inocuas y tradicionales practicadas desde tiempo inmemorial por los vecinos de esas zonas; los frecuentes escollos para acudir al bosque a velar por su identidad botánica, a recoger el material o a limpiarlo; la renuncia forzada a ocupaciones rurales clásicas o, en fin, el seductor espejismo de la ciudad, tan fascinante para quien entra en años.

En buena medida, muchas de nuestras normas siguen considerando la intervención de los campesinos como agresiva y perseguible, cuando ello no siempre ha sido así con carácter general, en modo alguno.

Quienes viven y trabajan en estas zonas rurales han sido sus agentes ambientales principales. Es más: si podemos jactarnos en el tiempo presente de las bondades que nos sigue brindando nuestra naturaleza, ha sido como consecuencia de las atenciones de estas modestas gentes, de estos *vecindeiros* ambientales que, como acontece en el crudo invierno de los *vaqueiros* de Asturias y León, en el norte de España, se han mantenido unidos a la naturaleza pese a inclemencias de todo género.

Acaso consciente de este nuevo rumbo que habrá de adoptar en un futuro próximo la política ambiental, desde instancias comunitarias se ha explorado la denominada gestión integral, por la que todo propósito ecológico deberá tomar en consideración a las personas que radican y conviven en una determinada zona natural a proteger. Esta idea, junto a la derivada del riguroso conocimiento científico de los recursos ambientales de ciertas áreas, inaugura, sin duda, una nueva etapa en toda esta materia.

Así, la llamada *Red Natura 2000*, fruto de las experiencias acumuladas por la promulgación de las directivas de Aves y de Hábitats, pretende que específicos territorios europeos testados científicamente en orden a sus altos valores naturales y a su patente riesgo de alteración, puedan encontrar un señalado régimen de protección que posibilite su espontánea regeneración y mantenimiento, pero siempre partiendo de la colaboración decisiva del mundo del saber y, también, de la impar participación de la ciudadanía rural.

De modo que la *Red Natura 2000*, quizá sin pretenderlo, desborda en la práctica la caduca configuración de los espacios protegidos como meras islas de verde y ello por dos razones: por estrenar una renovada sensibilidad hacia el desarrollo rural y por circunscribir estricta y científicamente su ámbito de actuación, como quiera que un emplazamiento catalogado como lugar de interés comunitario no necesariamente tiene que coincidir con el territorio encerrado en los más o menos generosos límites geográficos de un parque o una reserva, sino sólo con aquella concreta zona de especial conservación que precise de muy singulares cuidados.

Si contamos con jardineros, por tanto, no les hagamos perder su trabajo ni modo de vida. Ellos saben lo que es bueno y malo para su medio, sin que precisen de nadie más que venga a decírselo, con un bloc de notas en una mano y un bolígrafo en la otra con la que escriben tan a menudo cifras a satisfacer por quien poco tiene.

11.- LA PREVENCIÓN LEGAL DEL ALUVIÓN (*La Nueva España*, 24 de junio de 2010).

Coincidiendo con uno de los diluvios más aciagos de todos los tiempos en el norte de España, ve la luz la transposición al derecho interno de la Directiva Europea sobre evaluación y gestión de las inundaciones. En la norma, se hace descansar en la planificación urbanística y ordenadora del territorio la solución a los problemas derivados del emplazamiento de instalaciones e inmuebles en zonas inundables, aunque es posible que su grado de ambición tropiece con la propia legislación urbanística vigente, aún no lo suficientemente sensible a las funestas consecuencias que entrañan desbordamientos como padecidos con tanta frecuencia.

Conforme a las estadísticas oficiales, entre 1998 y 2004, Europa sufrió más de cien inundaciones graves, ocasionando cientos de pérdidas humanas, desplazando a medio millón de personas y generando unos 25.000 millones de euros en pérdidas económicas (800 millones de euros anuales en España, según el Consorcio de Compensación de Seguros). Sin embargo, la Ley Estatal del Suelo continúa previendo en uno de sus artículos, que están "en todo caso" en situación de suelo rural -clasificación opuesta al suelo urbanizado- aquellos terrenos "*con riesgos naturales incluidos los de inundación*", pese a que otro precepto contemple ciertos usos urbanizadores para los mismos, no siempre apropiados desde la perspectiva de las riadas. Como puede advertirse, es voluntad del legislador preservar este género de suelos del proceso de transformación urbanizador o vinculado al *ius aedificandi* -derecho a construir-, aunque no de la forma categórica que todos esperamos cuando observamos los estragos ocasionados por las crecidas.

Así, en estos suelos inundables se pueden llevar acabo ciertas actividades urbanizadoras o incluso de edificación vinculada al aprovechamiento de recursos genuinamente rurales, usos urbanísticos agregados o complementarios al edificatorio permitidos jurídicamente y que pueden en cambio incrementar en alto grado los efectos de una inundación, razón por la que la normativa básica estatal se cuida de no calificar a todo suelo rural como de especial protección a efectos de impedir cualesquiera usos, aunque edificatorios, en dicho suelo, algo que no sería en rigor descabellado, máxime cuando asistimos a escenarios tan espantosos como los de los últimos días.

Abunda en la anterior conclusión el hecho de que la vigente normativa del Dominio Público Hidráulico establece su inaplicación y la de sus medidas tuitivas en aquellas zonas de policía de cien metros de anchura que no comprendan edificaciones (de construcciones de todo tipo, habla la norma), ni *"cualquier otro uso o actividad que suponga un obstáculo para la corriente en régimen de avenidas o que pueda ser causa de degradación o deterioro del estado de la masa de agua, del ecosistema acuático, y en general, del dominio público hidráulico"*, luego, incluso la normativa hídrica contempla el uso de las zonas inundables siempre que se garantice su idoneidad, noción referida expresamente a la ausencia de edificaciones temporales o definitivas, pero no a la disposición de otros obstáculos ante eventuales avenidas o crecidas de las masas de agua.

En la legislación autonómica, en cambio, este asunto ha sido en cambio adecuadamente abordado, entre otras, por la normativa urbanística catalana. El régimen de preservación frente a los riesgos de inundación establecida en su Ley del suelo contiene un interesante catálogo de usos admisibles, limitados y prohibidos en las diferentes zonas en las que se dividen las áreas inundables, considerando usos compatibles a las mismas los agrarios, *"sin que se pueda admitir ninguna instalación o edificación, ni el establecimiento de invernaderos ni ningún tipo de cierre de las parcelas"*, siendo también admisibles los parques, espacios libres, áreas ajardinadas y usos deportivos al aire libre; o los lagunajes y las estaciones de bombeo de aguas residuales o potables; o el establecimiento longitudinal de infraestructuras de comunicación y transporte, *"siempre que permita la preservación del régimen de corrientes"*; y la implantación de infraestructuras de servicios y tuberías, debidamente soterradas y protegidas, siempre que se preserve igualmente *"el régimen de corrientes y se garantice la no afección a la calidad de las aguas".*

En suma, por más que el legislador se empeñe con denuedo en afrontar los problemas derivados de las inundaciones a través de oportunas herramientas planificadoras o de gestión hídrica incorporándonos a las corrientes normativas europeas, no sería desaconsejable que se abordara también la cuestión revisando la legislación urbanística básica, y sobre todo precisando lo que se puede ubicar o no en zonas susceptibles de resultar inundadas, ya que de otro modo deberemos continuar lamentando estoicamente las nefastas consecuencias de cada aluvión.

12.- ÁRBITROS AMBIENTALES (*ABC*, 25 de julio de 2008).

El uso de las herramientas legales por quienes denuncian la lesión ambiental por esta o aquella actividad industrial suele arrojar un saldo que no cuesta calificar como decepcionante. Salvo notables excepciones, quienes animosamente se acercan a los mecanismos jurisdiccionales ordinarios en la defensa ambiental bien pronto tropiezan con la pétrea resistencia del acto administrativo, origen habitual del problema. Dejando a un lado situaciones punto menos que disparatadas y toscas, la reacción jurídica ante las restantes pretensiones ciudadanas en donde se examina el cumplimiento de la legalidad ambiental no permite lanzar hoy las campanas al vuelo: como las vulneraciones deben ser plurales y notorias, lo que no alcance dicha categoría pasará a nutrir el generoso cajón de sastre de las irregularidades no invalidantes, por lo que nada cambiará.

Para atenuar este desencanto, las fórmulas arbitrales han de cobrar cada vez más verdadero sentido en materia ambiental. Siguen siendo un sinfín los asuntos vinculados a este mundo que precisan no tanto de soluciones estrictamente jurídicas como de conjunción de intereses, de convergencia de factores económicos y ecológicos, idea que plasman, además, cuantas proclamaciones internacionales o declaraciones constitucionales existen.

En Derecho comparado, como muestra, Estados Unidos cuenta

desde hace años con un imaginativo sistema de resolución alternativa de conflictos, en sede administrativa ambiental -*Administrative Dispute Resolution Act* (ADR)-, técnica que prevé expresamente medidas alternativas a las jurisdiccionales para la resolución de conflictos, entre ellas, el arbitraje administrativo ambiental, usualmente utilizado por su Agencia de Protección en materia de conservación y recuperación de recursos, de protección atmosférica, o de contaminación de aguas, operando a partir de la suscripción por las partes afectadas (grupos o colectivos ambientales y operadores económicos), de un contrato de compromiso con sometimiento expreso a la fórmula arbitral.

En nuestro ordenamiento interno, en cambio, la cuestión aquí abordada precisa aún del necesario desarrollo, tanto normativo como jurisprudencial y dogmático. Sin perjuicio de las alusiones genéricas a la actividad arbitral de las Administraciones en la legislación general y sectorial, en la particular cuestión del arbitraje ambiental contamos apenas, que sepamos, con la interesante Ley de Protección General del Medio Ambiente del País Vasco, en cuyo articulado se dispone que los procedimientos derivados de su aplicación podrán concluir mediante acuerdo entre el solicitante y la Administración competente y terceros afectados.

Así pues, ejemplos como el vasco bien podría extenderse a las restantes comunidades, acaso a través de la oportuna reforma de la legislación ambiental básica en manos del Estado, posibilitando así respuestas tempranas a asuntos cada vez más presentes en nuestras sociedades. No pueden nuestras gentes continuar confiando demasiado en las instituciones jurisdiccionales actuales, fundadas en el blanco o en el negro de la fría dicción legal, y máxime ante graves dilemas como los ambientales, tan faltos de soluciones técnicas precisas aunque consensuadas.

13.- A PROPÓSITO DEL PAISAJE (*ABC*, 31 de mayo de 2004).

Cuando acertamos a definir al paisaje, lo solemos hacer reparando en un doble sentido y finalidad: en su indudable esencia estética y en su alta función territorial. Ambos factores, el ideológico y el objetivo, han ido tradicionalmente de la mano y han dado lugar a una espontánea valoración social o cultural de nuestros pueblos, apreciación reflejada en la obra de un sinfín de artistas, y, también, en la peculiar óptica de quienes residen en la zonas cobijadas bajo su amparo o de los que decidimos visitarlas escapando del asfalto.

A pesar de que los vecinos de las áreas en donde radican los paisajes tiendan a valorar infinitamente más su faceta productiva o territorial, y pese a que la contemplación de un panorama por cada individuo goce de una plural gama de matices subjetivos, es lo cierto que el tratamiento del paisaje aún precisa de un serio esfuerzo aglutinador de todos estos componentes, en los que la realidad natural, junto con la actuación humana y la percepción cultural, habrán de ser necesariamente abordados al tiempo, entre otras poderosas razones porque *las tierras pertenecen a sus dueños, pero el paisaje es sólo de quien sabe apreciarlo*", como dejó escrito el controvertido novelista norteamericano Upton Sinclair.

Jurídicamente, sin embargo, carecemos de un marco integral de la protección del paisaje, como se advierte en la atomizada estrategia normativa que de él se ha venido ocupando hasta el momento, a caballo entre la ordenación del territorio, el urbanismo, la materia ambiental y la tutela de los bienes culturales, y máxime cuando España ha suscrito hace años el Convenio Europeo del Paisaje, único instrumento continental que pretende afrontar desde deseables patrones racionales todo este asunto.

El Tratado, en vigor para sus Estados signatarios, contiene una larga serie de medidas entre las que se cuenta el reconocimiento jurídico de los paisajes, su debida catalogación, la participación pública en su defensa o la aplicación de reales políticas de protección, ordenación y gestión, animando sin duda a la promulgación de una ambiciosa ley capaz de encerrar en su articulado cuantas inquietudes llevan décadas abordadas en el ámbito de las distintas ciencias del paisaje o desperdigadas por el ordenamiento sin excesivo orden ni vocación de riguroso cumplimiento.

Ojalá, por tanto, que el solemne acto de firma del convenio el 20 de octubre de 2000 en el Palazzo Vecchio de Florencia no quede relegado a los anales de la Historia como una estéril cita internacional más, ya que, de seguir desconociendo su contenido, continuaremos por más tiempo asistiendo inermes a los reiterados conflictos ciudadanos derivados de la localización de infraestructuras eólicas, telefónicas, de transporte eléctrico o de obra pública, así como del polémico emplazamiento de equipamientos industriales, residenciales o turísticos en donde tan a menudo, como diría el poeta, se hacen estremecer los horizontes.

14.- MEDIO AMBIENTE HUMANO (*La Vanguardia*, 4 de noviembre de 2015).

El derecho ambiental ha sido y es una de mis principales líneas de trabajo. Siempre me cautivó esta rama jurídica por el alto contenido ético que encierra, el de la protección de los indefensos bienes naturales que, durante largos siglos, las leyes consideraban res nullius, o cosas de nadie. Venturosamente, los ordenamientos de medio mundo han acogido con el tiempo un generoso catálogo de disposiciones que blindan a la flora y fauna y que castigan de forma justa los atentados a esa biodiversidad, ya sea desde su concepción misma y ya se trate de plantas o animales de propiedad privada. Es decir, cualquier dueño de un robledal no puede acabar con él a su antojo, ya que si así lo hace el derecho le reservará una sanción, incluso penal. Igual desenlace esperará a quien, siendo propietario de animales, les maltrate, les mate o les impida nacer o vivir. Insisto, además, que la tutela jurídica alcanza en estos casos a la vida animal o vegetal desde su concepción misma o incluso antes, preservando áreas para que no se alteren los hábitats en los que han de desarrollarse o recuperarse estas especies.

Me parece de toda lógica que toda esta estrategia de defensa de la vida natural debiera extenderse a la vida humana, tanto a la que ha sido concebida y no nacida como a la que ya ha nacido, pero con problemas físicos o psíquicos. No comprendo el motivo por el que el amparo que la ley brinda a un cachorro de un setter irlandés que haya nacido con una alteración no se puede extender a un niño nacido con malformaciones, y digo esto al hilo de la abracadabrante ley belga que permite eliminar la vida de estas pobres criaturas.

Concepciones morales al margen (en el bien entendido que tal cosa pueda ocurrir en este asunto tan grave y delicado), el propio sentido común ha de conducir a trasladar la tutela ecológica a todo género de vida, humana, animal y vegetal, y atajar con ello cualesquiera menoscabos o amenazas que padezca incluso antes de su concepción y hasta que los procesos espontáneos vitales cursen hacia su final natural, el llamado ciclo de vida. Escribir esto tan elemental me resulta extraño, pero es que el contexto social actual de banalización de la vida, creo que lo aconseja.

Defender la vida no admite excepciones. Y si defendemos a las ballenas, al lince o al tejo, con igual o mayor razón lo habremos de hacer con quién se llama o se llamará Alicia, Pepe o Paco, haya nacido cojo, tuerto o mudo. ¿No lo haríamos con el cachorro de *Bobby*, nuestro pastor alemán?…

15.- VIAJAR PEOR QUE EL GANADO (*La Vanguardia*, 13 de julio de 2012).

Cada verano, el principal reproche del turista aéreo se centra en la escasez de espacio entre asientos. Dicha reducción es ya generalizada entre las compañías, tanteándose incluso la posibilidad de que se tenga que volar de pie o quién sabe si en un futuro dentro de los maleteros. El único derecho que hoy otorga al pasajero su billete es el de ser transportado, entendiendo como tal lo que el mismo diccionario dispone: "*ser llevado de un lugar a otro*", sin importar en exceso las condiciones elementales para tal desplazamiento, seguridad aeronáutica aparte.

Este panorama, sin embargo, contrasta con el que rige en el ámbito del transporte del ganado. La producción normativa en este sector, al calor de los principios de protección ambiental y de la propia calidad del mercado interior agroganadero, ha venido dotando a estos traslados del correspondiente espacio físico o vital que asegure unas mínimas medidas de higiene y supervivencia de cada especie acarreada.

Las normas que rigen la navegación aérea en nuestro país y entorno europeo, concordantes aquí con el marco convencional internacional, no contemplan requisito obligacional alguno respecto de la separación entre asientos en los vuelos comerciales. La Ley de Navegación Aérea y sus sucesivas modificaciones, guarda silencio sobre este asunto, apenas señalando que toda aeronave que transite por nuestro espacio aéreo –sea de pabellón español o no- habrá de estar sometida a una normativa que nada indica sobre el alejamiento de los asientos en los aviones. En lo referido al propio contrato de transporte, no se prevé referencia directa o colateral alguna, únicamente consagrándose la cláusula de responsabilidad del operador aéreo por *"el daño o perjuicio causado durante el transporte por muerte, lesiones o cualquier otro daño corporal sufrido por el viajero"*, pudiendo incluirse en dicha categoría, como es obvio, aquel acontecimiento lesivo derivado de la escasez de espacio entre filas de asientos en un vuelo, siempre y cuando se logre demostrar que tal circunstancia se ha producido precisamente por dicha limitación de superficie y no por cualquier otra causa. En fin, no figura tampoco en los preceptos sobre policía de navegación aérea mandato relativo a una mínima área reservada para el pasajero, de modo que dicha intervención fiscalizadora deberá proyectarse al hecho de que una aeronave *"esté debidamente autorizada, previa presentación de su plan de vuelo, ostentar las marcas de nacionalidad, matrícula o número y llevar la documentación exigida por esta Ley, sus Reglamentos o los Convenios o Tratados internacionales"*, normas convencionales o multilaterales que no disponen nada sobre lo que nos ocupa.

A diferencia de esta realidad, la Ley de Sanidad Animal, determina que los medios de transporte de animales, deberán cumplir *"las condiciones higiénico-sanitarias y de protección animal que se establezcan reglamentariamente"*, abundando en esta cuestión la posterior Ley bautizada del cuidado de los animales en su transporte, al obligar a las Administraciones la adopción de *"las medidas necesarias para que el transporte se realice sin causar lesiones o sufrimiento innecesario"*, debiendo concebirse y autorizarse exclusivamente aquellos medios de transporte que *"eviten lesiones y sufrimiento innecesarios a los animales y se garantice su seguridad"*.

Esta idea, del bienestar animal durante su transporte, ha sido y es eje vertebrador de la legislación comunitaria. Por medio del Reglamento referido al espacio vital de los animales en sus desplazamientos, se prevé que, *"según las especies de que se trate, se deberá contar con espacio suficiente para su transporte, de manera que los animales puedan tumbarse al mismo tiempo y alcanzar fácilmente las instalaciones de toma de agua y piensos"* (¡sic!), pudiendo incoarse el pertinente procedimiento sancionador en caso contrario.

Así las cosas, de cuanto antecede se puede advertir que, contrariamente a las previsiones normativas que regulan al detalle las superficies vitales mínimas para el ganado en su transporte, no contamos con paralelo desarrollo regulatorio en lo referido al transporte aéreo de pasajeros, materia ésta que sin duda lo aconseja no sólo por la progresiva generalización de este medio en nuestros días, sino incluso para evitar que, en función de la rentabilidad de las propias operaciones aéreas, lleguemos a tener que volar sin el mínimo espacio del que hoy disponemos, en detrimento de unas elementales condiciones de viaje.

Por este motivo, sin duda procede que se arbitren las correspondientes modificaciones de las leyes de navegación y seguridad aérea para blindar al pasajero en su espacio básico, esencial o primario, aquel que precisa para poder al menos cruzarse las piernas durante el vuelo. Los requisitos técnicos a supervisar por la policía aeronáutica deberían contemplar esa superficie indispensable para el viaje aéreo en mínimos escenarios de comodidad y salubridad, más allá del limitado marco de la responsabilidad y, en su caso, del régimen general de consumidores y usuarios.

Urge, pues, esa reforma legal, ya que de lo contrario estaremos viajando peor que el ganado.

16.- SOBRE EL PRIMER PARQUE NACIONAL ESPAÑOL (*La Nueva España*, 8 de junio de 2006).

Nadie ha necesitado recordarnos que el actual parque de los Picos de Europa fue el primero de su categoría en España, al declararse su macizo del Cornión como tal por Ley de Cortes de 22 de julio de 1918, apenas un mes antes de reconocerse lo propio a Ordesa y Monte Perdido. Esta distinción, se produciría por una pluralidad de conocidas circunstancias: las celebraciones por el duodécimo centenario de la batalla de Covadonga o los ecos de la ideología ambiental norteamericana desde finales del XIX, propensos a la preservación legal de áreas ecológicas en las que tanto se ilustraría el Marqués de Villaviciosa de Asturias. De todo esto se ha escrito mucho y bien, ensalzando tal oportunidad.

Desde siempre, pues, se ha insistido en que Picos de Europa fue el espacio pionero entre los de sus características en España, ignorando que, décadas antes de la forma declaración parlamentaria del entonces denominado –en clásica y hermosa nomenclatura- *"Parque Nacional de la Montaña de Covadonga"*, en España ya se había explorado el método primitivo de espacios protegidos a través del decisivo amparo efectuado bajo el reinado de Alfonso XII al extraordinario bosque de El Yunque, en las proximidades de la localidad norteña de Luquillo, en Puerto Rico.

Así, el primer ensayo propiamente dicho de un espacio natural sometido a régimen de protección jurídica en España se realizaría cuarenta y dos años antes de la ley creadora de Picos de Europa a miles de kilómetros de distancia de Asturias, con la determinación por el gobierno de Cánovas del Castillo de doce mil cuerdas (cuarenta y cuatro mil kilómetros cuadrados) para la *"protección perpetua"* del citado bosque boricua, calificado como reserva forestal por los españoles y norteamericanos, antes y después del crucial 1898, y hoy también reserva de la biosfera, así como el más pequeño en superficie del sistema de parques nacionales de Estados Unidos.

Por consiguiente, el Parque de Picos fue el primero de su clase en la península ibérica, pero no en España. La reserva forestal de Luquillo, o bosque nacional del caribe, sería la primera preservada por remedios legales en nuestro país, adelantándose incluso a la declaración del primer parque nacional mundial, el de Yellowstone, creado en 1871.

Con todo, más allá o acá de este dato, la generosa extensión de los límites de los espacios protegidos ha producido una notable adulteración de la primitiva idea de fomento de estas zonas, obstruyendo no pocas veces su correcto y deseable desarrollo socioeconómico y hasta ambiental, lo que hace que, tanto aquí como en el sistema de parques norteamericano, se venga produciendo con el tiempo cada vez más espacios sin huella humana, algo que desde luego no tiene nada que ver con la idea que inspiró a este tipo de defensa legal de la naturaleza.

17.- DOS PARADIGMAS: LA CAZA DEL ZORRO Y EL MUSEO NATURAL BRITÁNICO (*La Nueva España*, 7 de julio de 2003).

Sin duda, la corriente conservacionista contemporánea va poco a poco colocando cada cosa en su sitio. Atrás las épocas en las que lenguaraces y agoreras soflamas preconizaban a los cuatro vientos el cese de cualesquiera actividades humanas, por considerarlas lesivas per se, con el tiempo lo ambiental ha comenzado a encontrar su adecuado, lógico y razonable acomodo en unas sociedades que precisan como nunca del impulso social y económico, aunque incorporando en dicha senda de progreso a la variable ecológica.

Un reciente periplo por las islas británicas permite descubrir con todo lujo de detalles esto que digo, de la que he sido, además, testigo presencial. Por un lado, la Cámara de los Comunes acaba de volver a aprobar la abolición de la caza del zorro, devuelta desde la Cámara de los Lores fechas atrás. Por otro, el Museo de Historia Natural de South Kensington ha estrenado con éxito su enésima muestra sobre la evolución del planeta, deteniéndose en el impacto sobre él de las actividades industriales, a partir de los últimos estudios científicos.

La prohibición de la caza del zorro, práctica aristocrática y alto burguesa equiparable en su tipismo al té a las cinco, el acalorado debate de la Sala verde de Westminster ha barrido de nuevo, y de un plumazo, tanto los alegatos en su contra del mismísimo heredero de la Corona como de sus partidarios, que clamaban por su pervivencia y su utilidad dinamizadora de la economía de los condados frente al frío porche de San Esteban, en las Casas del Parlamento.

Enarbolando incluso la posibilidad de aplicar la llamada acta parlamentaria, por la que los Comunes pueden forzar a los *pares* de la Cámara alta a acatar definitivamente su prohibición, una amplia mayoría de diputados ha certificado que ni las penurias de sus gentes del campo, de ni los pingües beneficios que provoca esta peculiar actividad, ni aun su arraigo en determinadas zonas desde comienzos del siglo XVII pueden justificar una tradición que nada tiene de cinegética en estrictos términos, al no servir para la regulación de las especies, sino para el cruel solaz de una minoría atraída por los deportes de sangre, cuando no por la plástica imagen de caballeros y podencos recorriendo arriba y abajo la campiña inglesa en búsqueda desesperada del zorro bajo el toque de una atiplada corneta.

Esto es: los ingleses, tan poco permeables a las nuevas tendencias cuando encierren una alteración de sus costumbres, no han sido refractarios a los vientos de cambio que ya se aventuran en medio mundo, en los que la sensibilidad hacia los bienes naturales o animales comienza a requerir la superación de mínimos de racionalidad y responsabilidad, inexistentes hasta hace poco.

Con todo, esta muestra del nuevo semblante de la conciencia ambiental no puede ser objeto de análisis maximalista, sino que responde a unos nuevos tiempos en los que el componente ecológico deberá congeniarse con el derivado del avance socioeconómico, lejos de cómodos e inerciales apriorismos en uno u otro sentido.

Así, en el propio Museo de Historia Natural británico, se puede comprobar desde hace algunas fechas cómo ha ido paulatinamente evolucionando la industria hacia métodos no contaminantes, generándose con ello, a la vez, nuevas industrias de bienes de eq2uipo dedicadas a que otras produzcan sin daño o con el menor daño posible a la naturaleza. En las salas del museo londinense, lucen datos recientes sobre lo mucho y bueno que está suponiendo para la marcha de la Tierra la llamada tecnología limpia, y los retos que le quedan por sortear.

La nueva política y legislación ambiental, en suma, tiene en estos dos ejemplos un real espejo donde mirarse. Solo apostando por comportamientos sociales compatibles con el respeto a la biodiversidad y fomentando técnicas no contaminantes en la industria podremos lograr el preciso punto de encuentro que gira en torno al tan traído y llevado desarrollo sostenible.

Lo contrario, nos seguirá manteniendo enredados en especulaciones estériles, magnas declaraciones vacías de contenido e integrismos absurdos que no conducen a ningún lado.

III.- APUNTES DE ACTUALIDAD GENERAL.

A).- POLÍTICA.

1.- HABLEMOS DE LAS DIPUTACIONES Y DE EUROPA (*El Confidencial Digital*, 2 de marzo de 2016).

Vivimos tiempos en los que al estudio reposado y juicioso de cualquier asunto se ha superpuesto la idea del cambio por el cambio, sin importar demasiado en qué se base dicha alteración, o si cuenta con elementos lo suficientemente sólidos. En el terreno académico, ésta extendida forma de pensar social ha calado también, en formato de trabajos influenciados por criterios políticos de uno u otro signo, y superficiales en grado extremo. En lugar de acudir a la ciencia y extraer de sus esencias las conclusiones que mejor pueden resultar para el porvenir, sean del tinte ideológico que sean, hoy se prefieren edificar construcciones teóricas a partir de una suerte de *prius partitocrático* que, por eso mismo, carece de la necesaria visión de conjunto sobre toda cuestión a examinar.

Los antecedentes de las Diputaciones Provinciales no solamente cuentan con hitos sobresalientes, sino que -como recogieran en su día Colmeiro y Ortega y Gasset-, llegarían a suponer para los españoles su principal figura institucional, aquella a la que vincularían su pertenencia territorial, lo que constituye el origen del sentimiento regional que hoy se pregona en diversas zonas de España.

En lo referido a la regulación actual, la utilidad de las Diputaciones como ente local intermedio no se proyecta solamente a efectos electorales, sino en especial como entes coordinadores de servicios municipales, lo cual conecta directamente con una de las mayores censuras que hoy merece esta figura: la del gasto innecesario de dinero público que supone. Tal cuestión no es así, sino justo lo contrario: las tareas de cooperación a desempeñar por las Diputaciones, reforzadas por cierto en la Ley 27/2013, de 27 de diciembre, de racionalización y sostenibilidad de la Administración Local, pueden y deben entrañar un ahorro significativo de los presupuestos municipales e incluso de las Comunidades Autónomas, al coordinarse múltiples actividades públicas que consumen recursos considerables a través de las Diputaciones (medio ambiente, gestión del agua, residuos, seguridad, turismo, movilidad económica, administración electrónica, participación ciudadana, tecnologías de la información y la comunicación, entre un largo etcétera).

El futuro comunitario, además, alumbra a las Diputaciones un porvenir despejado, al concebirse en los documentos de la Unión como la Administración local intermedia más adecuada para implementar las políticas europeas. Así se refleja en el *Libro Blanco De Gobernanza Multinivel* o en las *Estrategias De Gobierno Abierto De Europa 2020*, en donde se prevén los nuevos modelos de gestión pública para reforzar la eficacia municipal. En dichos informes, se conciben las Diputaciones como auténticos ejes de la modernización de los municipios, a través de la progresiva eliminación de la burocracia, y contribuyendo a la construcción de *Smarts Cities* sostenibles, haciendo eficientes los recursos públicos al menor coste posible al compartirlos o coordinarlos entre entes locales canalizados por las Diputaciones.

Así pues, las Diputaciones no solamente cuentan con un pasado verdaderamente notable, sino que incluso desde Europa se conciben como entes locales intermedios que pueden contribuir en alto grado a las economías nacionales, controlando el dispendio anual que supone una planta de municipios tan considerable, de 8.114 en el caso de España.

¿Conocen estos datos quienes siguen manteniendo la supresión de las Diputaciones?...

2.- SALTO DEL ÁNGEL (*El Confidencial Digital*, 14 de marzo de 2016).

El salto del ángel es una modalidad de natación consistente en lanzarse al mar desde un acantilado. No confundir con Salto Ángel, que es la catarata más alta del mundo, muy superior al mayor rascacielos construido. Desconozco si es posible ensayar el salto del ángel en Salto Ángel, trastornos al margen. Lo que sí es posible es precipitarse al vacío desde pendientes muy pronunciadas, como hacen cada año los espectaculares clavadistas en Acapulco.

Querer salirse de Europa y de su sistema jurídico y económico, resulta igual de factible que hacer un salto del ángel en una cascada. Para ello se precisa superar el vértigo, estar plenamente convencidos de que la brusca caída compensa el pavor inicial y, en fin, valorar que no siempre se sobrevive a la pirueta. La información y la formación para lograrlo es imprescindible, motivo por el cual no es una práctica muy habitual, precisamente por los peligros que entraña.

Quienes sostienen que otra Europa social y económica es posible llevan razón. Lo que no está tan claro es que la alternativa sea mejor. Los logros cosechados hasta el momento por la Unión, pese a sus tan censuradas carencias (exceso burocrático, déficit democrático, etc), han sido los indudables artífices del progreso tan notorio que se ha producido en las últimas décadas en el continente. Y no solamente en cuestiones materiales, sino también en términos de paz y prosperidad, en avance de la democracia y de los derechos fundamentales. Esa Europa tan denostada, en el caso de España, nos ha permitido aproximarnos a los países más avanzados, algo que se percibe a simple vista.

La estructura comunitaria, con su derecho al frente, ha conseguido que el continente haya disfrutado del período más dilatado de progreso que hayamos conocido. El marco jurídico extendido a las veintiocho naciones ha generado el mayor producto interior bruto del planeta, junto a los mejores índices de desarrollo humano. Es decir: no solamente el sistema europeo ha contribuido al adelanto en todos los órdenes, sino que lo ha efectuado de modo lo más responsable posible.

Por lo tanto, quienes propugnan apartarse de Europa y de su modelo nos tienen que explicar cuál es la opción que estiman superior. Y, en especial, cómo abordarán el tránsito de un régimen a otro, para evitar el desplome de sus sociedades. Será interesante conocer esas fórmulas, en el entendido que existan, para poder decidir entonces con conocimiento de causa. Recientemente, en Grecia, se ha comprobado la realidad de estas tendencias, traducidas en medidas drásticas para cumplir con las normas comunitarias que no se querían acatar, reglas previstas precisamente para garantizar la viabilidad presente y futura de toda la Unión, Grecia incluida.

No verlo así es tan temerario como querer intentar el salto del ángel en Salto Ángel.

3.- CUANDO LA POLÍTICA ESTORBA (*El Confidencial Digital*, 30 de marzo de 2016).

Se llenan la boca de proclamar, estupendos, que hablan *"en nombre de la gente"*. Pero, en lugar de abordar los asuntos mollares que interesan a todo el mundo, se dedican a *juegos de tronos* alejados de la alta responsabilidad que tienen conferida.

Ni propuestas sensatas para crecer o generar riqueza, ni ideas que puedan hacernos avanzar como sociedad: importa solamente lo secundario, lo cosmético, los asuntos que debieran haber quedado sepultados por la historia, o la disputa pueril propia de las asambleas universitarias. El *pueblo*, al que tanto apelan algunos, lo que quiere es trabajo, seguridad y prosperidad.

Y para eso se requieren políticas que ayuden al crecimiento de las empresas, de los autónomos y de los profesionales. Todo lo demás está también muy bien, pero lo principal es esto: futuro. Por eso, urge que nuestros representantes se ocupen más pronto que tarde de aquellas medidas que nos sitúen en una senda de progreso sostenido, que permita que nuestros jóvenes no deban emigrar y que podamos detener el grave deterioro demográfico que nos abate.

Tenemos que enfrentar ya ese reto, porque no nos queda otra. Y lo debemos hacer a partir de las fórmulas que han dado mejor resultado en el contexto internacional, ligadas a la potenciación de la libertad personal y de empresa, en un entorno, también, de protección social. Este objetivo es enteramente alcanzable, porque nuestra historia es una cadena de éxitos frente a las adversidades, de modo que no cabe más que ser optimistas. Hemos superado severas calamidades como nación, algunas recientes, y somos un ejemplo de fortaleza y capacidad para salir de verdaderos atolladeros.

No tengo nada claro que existan remedios muy diferentes sobre lo que conviene hacer para garantizar un mañana más próspero. De las experiencias internacionales se desprende que únicamente funcionan las políticas tendentes a generar riqueza por quienes lo deben hacer (los actores privados: empresas y particulares). No es posible mantener el Estado Social sin recursos, que provienen necesariamente de la actividad privada. Por eso, han de potenciarse los mecanismos para que el sector productivo crezca, porque ese será el mejor termómetro de la salud de un país. La fiscalidad, por ejemplo, debiera congeniar el férreo control del fraude con niveles soportables para las sociedades y las personas, entre otras razones para recaudar más.

Tampoco parece lo más razonable que mantengamos el elevado número de empleados públicos que tenemos, cada vez resulta más difícil mantener. Esos servicios, salvo los que lleven aparejado el ejercicio de autoridad, pueden perfectamente prestarse por el sector privado, con intenso control administrativo además (como sucede con la gestión indirecta de tantas actividades públicas, por cierto subrayada por la normativa comunitaria como herramienta esencial de futuro, en la célebre Directiva de Servicios o Bolkestein).

La búsqueda del ánimo de lucro dentro del marco legal y la fuerza de voluntad personal son, en muchos países de nuestro entorno con economías saneadas, los ejes básicos de sus sociedades. Sostener esto en España hoy constituye una barbaridad, sobremanera en estos tiempos presididos por el lenguaje políticamente correcto que solo habla de lo social sin decirnos de dónde saldrá el dinero para costearlo.

O nos ponemos pronto manos a la obra para trabajar en estas ideas, o vendrán pronto a recordárnoslo desde Bruselas, mientras aquí seguimos hablando que si galgos o podencos.

4.- COMO HILLARY CLINTON (*El Confidencial Digital*, 7 de junio de 2016).

La líder demócrata norteamericana, icono pop de la progresía, estudió en una universidad femenina privada. En *Wellesley College*, cerca de Boston.

No digo que su formación la hiciera en una escuela primaria o secundaria de niñas, sino que su carrera en ciencia política la cursó en un centro universitario exclusivo para mujeres, muy prestigioso por cierto. En Estados Unidos, no solamente existen colegios de niñas, sino también numerosas universidades para mujeres.

Como si la educación en España no tuviera más retos que afrontar, de vez en cuando asoma el tema de la concertada y el de los colegios que no son mixtos. A estos últimos se denominan hoy con diferentes calificativos, pero prefiero utilizar los términos tradicionales y que todos entendemos: colegios de niños, de niñas y mixtos. Buena parte de la población española que frisa los cuarenta, y de ahí para arriba, hemos estudiado en centros no mixtos, gestionados por las diferentes órdenes religiosas. Y que yo sepa no se han diagnosticado grandes patologías colectivas, ni males mayores que guarden relación con este hecho. Tampoco creo que se hayan suscitado entre quienes acudieron tan ricamente a colegios mixtos, por supuesto.

Lo que está en debate aquí es el tema de siempre: la machacona insistencia del igualitarismo en querer imponerse sobre la libertad, en este caso educativa. Las opciones de enseñanza diferentes, dentro de un contexto que las acoja en similares condiciones y sin incurrir en desviaciones del marco legal, son en todos los países de nuestro entorno y en las democracias más avanzadas los ejes fundamentales. Truncar estas alternativas, configurando un modelo uniforme, es algo típico de totalitarismos de viejo cuño. Se alega que en estos colegios no mixtos se vulnera el derecho fundamental a la igualdad, en este caso de sexos. Quien así piense deberá explicarnos cuándo emprenderá acciones contra el Comité Olímpico Internacional o la Liga de Fútbol Profesional, por discriminar a hombres y mujeres en sus competiciones. Ni que decir tiene que si multitud de padres deciden cada día en medio mundo que sus hijos acudan a colegios no mixtos será porque entienden que ello no supone ninguna lesión de los derechos de sus propios hijos, porque si así fuera habrían de ser igualmente sometidas millones de familias al penoso banquillo igualitarista reinante. Si lo hacen, muchas veces con alto coste económico, es porque estiman que una educación distinta a niños y niñas les puede resultar de provecho, como revelan estudios consolidados, además.

Lo propio sucede con la educación concertada. Igual oportunidad debe gozar una familia para llevar a los suyos a una enseñanza pública o privada. Ese derecho de opción, de eliminarse los conciertos, no se podría conseguir en múltiples casos, por motivos de renta principalmente. Los conciertos, pues, no subvencionan a centros, sino a alumnos que han podido ejercer de ese modo la libre elección de modelo educativo, a pesar de no contar con capacidad económica.

Eliminar los conciertos y limitar la educación a la pública o a la privada no concertada, pues, no solamente constituye un liberticidio, sino que coarta el disfrute de derechos constitucionales a quienes no disponen de recursos, algo que no parece muy coherente para los que tanto enarbolan las banderas frente a los recortes sociales.

Persigamos, en fin, una educación verdaderamente de calidad, tanto pública, como privada o concertada. Mixta y no mixta. Y permitamos la elección efectiva a las familias.

Todo lo demás es secundario

5.- CARCUNDIA (*El Confidencial Digital*, 19 de septiembre de 2016).

Todo aquel que no se instale en la novedad, en lo último que aparezca en escena, corre hoy riesgo de ser tachado de carca, de retrógrado, de reaccionario. Resistirse a asumir sin más lo que llegue, sin reparar en su sustancia o al menos valorar su coste-beneficio, equivale a ser etiquetado como antiguo, como rancio, como intolerante.

Esta corriente se extiende a todos los ámbitos. En política, el canon de corrección actual recomienda vivamente ser cautivado por aquellas formaciones que no son las que hasta este momento se han venido alternando en la gobernabilidad. Es out defender el bipartidismo, pese a que haya sido el sistema que ha posibilitado las mayores cotas de prosperidad que se han conocido y a pesar de que opere en los Estados más desarrollados del planeta y con mayores niveles de estabilidad. Quienes sostienen que está demodé el bipartidismo, acostumbran a apelar a la corrupción que ha generado, como si tal cosa no afectara desgraciadamente también a los nuevos partidos, y a la necesaria destrucción de las redes clientelares formadas durante años, considerando candorosamente que ello no sucederá con los recién llegados, porque se trata de damas y varones de acrisoladas virtudes que jamás de los jamases osarán comportarse de forma indebida en nada. Por descontado que el bipartidismo tiene por delante retos importantes a superar. Potenciar su democracia interna; concretar y cumplir sus programas; ser permeables a las inquietudes políticas que vayan surgiendo y abrirles sus puertas; o establecer controles más rigurosos en el cumplimiento de la legalidad, son algunos de los principales. Pero deducir de estas carencias -que pronto se habrán de resolver-, que no es un sistema viable o razonable, es como mantener que un robusto roble no es roble porque está afectado por unos hongos y sin embargo es más prominente un arbusto aunque pueda padecer de los mismos males. De Cánovas a Sagasta y de Sagasta a Cánovas es una colosal antigualla, pero la *yenka* y el neocomunismo, a los que ha de seguirse con cantimplora, brújula y linterna multiusos para lograr entender qué es lo que quieren, es una rutilante invención de la humanidad.

También es propio de la carcundia defender criterios diferentes a las fugaces corrientes imperantes en cualquier terreno. La tradición, por ejemplo, ha dejado de tener valor, por más que de ella se obtengan extraordinarias lecciones para tantísimas cosas. La experiencia acumulada con los años cede hoy ante la primera sandez o simpleza vestida de tecnología o modernez, porque el altavoz mediático lo dicta y el personal lo consume a granel con arrobo y embeleso.

Como el término medio se ha ido difuminando, quien aguarda algún tiempo para asumir cualquier novedad, tratando de indagar al menos sus pros y contras, se convierte en un ser ultramontano y jurásico, porque lo que prevalece es la deglución sin importar la indigestión.

Desde la época del rey Salomón *nihil novum sub sole*, salvo para quienes aún confían, con cándida inocencia, en el descubrimiento de nuevos océanos y nuevas Dulcineas.

Ojalá lo consigan.

6.- MERITOCRACIA. (Diarios de *Editorial Prensa Ibérica*, 15 de enero de 2016).

Las zarzuelas que acostumbran a representarse en las sesiones inaugurales de las legislaturas últimamente, previsibles dados los antecedentes de sus protagonistas, pone de nuevo sobre el tapete el debate de la meritocracia. Nuestras sociedades, cada vez más sofisticadas y con crecientes dilemas de enorme complejidad, no es claro que puedan ser lideradas ya por representantes carentes de unas mínimas condiciones, salvo que confiemos en que dichos graves problemas, que afectan a tantísimas personas, se resuelvan por si solos o por medio de la adivinación. Aunque siempre se cuente con altos cuerpos funcionariales capaces de contribuir a la gobernabilidad a través del asesoramiento técnico, se hace preciso que al menos sean entendidos por los depositarios de la soberanía popular, algo que no puede asegurarse en todos los casos hoy día.

Dirigentes sin una formación previa de relieve pero con éxito en su gestión, han existido y surgirán. Todos podemos recordar nombres propios que aún resuenan en sus países de origen. Lo que sucede es que se trata de gobernantes con capacidades muy singulares, no solamente para comprender medidas que técnicamente procedían en sus países, sino incluso para diseñarlas e impulsarlas.

Al margen de estas excepciones a la regla, el panorama actual está presidido -en España y nuestro entorno-, por el acceso a las instituciones de quienes persiguen la forma en lugar del fondo, con la inequívoca pretensión de no enfrentarse a los desafíos actuales con la seriedad y rigor que exigen, y en su lugar hacerlo con el espectáculo pueril o el entretenimiento más pedestre.

Nuestra peculiaridad en este aspecto, radica en que muchos de los actores de las nuevas formas en política, cuentan con los oportunos diplomas y certificados de la enseñanza superior, aunque quizá no con unos mínimos de educación elemental. Por eso, cuando me refiero aquí a la meritocracia no lo hago en términos de titulación oficial, sino de cualidades innatas para el servicio a los demás, una suma de habilidades, inteligencia y esfuerzo que habitualmente cristalizan en la ejecutoria personal previa de cada individuo.

No parece lo más prudente, sin embargo, dejar en manos de quienes no atesoran esas facultades, las riendas de un país. Y, en especial, en lo tocante a la economía, la seguridad o la unidad nacional. Estos son asuntos que precisan de ideales en lugar de ideologías, y en los que nos jugamos el presente y el futuro.

Para ello, seguramente se impone hacer más atractiva la función representativa o de gobierno a quienes cuentan con aptitudes para ello. Empezando por el régimen retributivo, a diferencia de lo que hoy tanto se predica demagógicamente, que sigue suponiendo un poderoso elemento disuasorio, al no permitir ni tan siquiera igualar lo que se percibe en el ámbito profesional de origen. También, a través de la generalización de las listas abiertas en los partidos, a fin de que se permita elegir a quienes cuentan con más méritos y de que las formaciones se esfuercen en atraerlos a sus listas.

Menos políticos y mejores, eso es a lo que hemos de tender. De lo contrario, mucho me temo que deberemos acostumbrarnos a los números circenses tan poco edificantes con que nos deleitan sus señorías.

7.- UN MÍNIMO DE RESPETO (Diarios de Editorial Prensa Ibérica, 19 de febrero de 2016).

Durante la persistente crisis que ha seguido a los felices años de inicio de siglo, la Iglesia católica ha ejercido de colosal soporte social. Ha predicado y ha dado trigo. Y ello sin aplauso alguno, o debiendo incluso padecer repetidas faltas de respeto de cariz delictivo o periódicas agresiones violentas sin ton ni son. Como en toda comunidad, pueden existir excepciones, pero quien sostenga que la Iglesia en España no ha arrimado el hombro en los momentos más duros a cambio de nada, como lo sigue haciendo, falta a la verdad.

Los comedores sociales, las ayudas humanitarias, el acogimiento a refugiados, las labores educativas, infantiles, juveniles, de cuidado de ancianos o de enfermos, Cáritas, Manos Unidas... Todas estas iniciativas eclesiales y otras muchas han contribuido en grado elevadísimo a que millares de familias hayan podido sobrevivir a momentos tan delicados y tan prolongados. Ahí están las estadísticas para corroborarlo. Y ahí están los ojos para contemplarlo.

Sorprende sin embargo que este hecho, tan notorio, no se subraye como es debido. Antes al contrario, silenciándolo, ha dado alas a programas que pretenden la completa desaparición de la Iglesia de cualquier ámbito, so pretexto de un laicismo que no se compadece además con la vigente Constitución, que no habla en ningún lado de eso, sino de todo lo contrario: de que se generen las condiciones para que se pueda practicar un determinado culto o no, teniendo en cuenta que la creencia mayoritaria de los españoles es la católica. No me quiero imaginar qué sucedería si lo que debe soportar la Iglesia se trasladara a otra religión o a cualquier otro colectivo.

Quién sabe lo que habríamos padecido de no haber contado con la impagable ayuda de esa legión de religiosos, sacerdotes, voluntarios y personas bienaventuradas y generosas. Con discreción, huyendo del foco, sin mayor retorno que el espiritual, han desarrollado y desempeñan una función vital con quienes más lo necesitan, sin postureo alguno y soportando el desprecio o desdén de una sociedad cada vez más despistada en lo esencial y lo accesorio, hasta alcanzarse la infame violencia física o verbal. Seguramente por complejo, por el contexto laicista que nos invade o por no meterse en líos, también buena parte de los propios cristianos evitan hoy comentarios de defensa a lo que su Iglesia hace a diario por el prójimo, sea del credo que sea, como si es de ninguno.

Cuando se escriba la historia de esta grave depresión económica, cuando podamos liberarnos por fin de tanto lenguaje políticamente correcto e injusto, a buen seguro que la Iglesia tendrá reservado el lugar que le corresponde. Parafraseando al evangelista, por sus obras los hemos conocido.

8.- CAMINO DE LA OCLOCRACIA (Diarios de *Editorial Prensa Ibérica,* 3 de junio de 2016).

Ya Aristóteles advirtió que la democracia debía ser objeto de exquisitos cuidados para evitar que degenerara en oclocracia, o gobierno de la turba, de la muchedumbre. Lo propio recomendó hacer con la monarquía, para impedir que derivara en tiranía; o con la aristocracia, para frustrar que se degradara en oligarquía.

El más nefasto de todos los sistemas políticos, para él, venía dado por la oclocracia, en la que manda una masa manipulada demagógicamente o, en definición de Polibio, *"la tiranía de las mayorías incultas y el uso indebido de la fuerza para obligar a los gobernantes a adoptar políticas, decisiones o regulaciones desafortunadas"*. En palabras de Rosseau, con ello se sustituye a la voluntad general por otra creada a impulsos de la propaganda y de sus sofisticadas técnicas de manipulación social. O, lo que es lo mismo: con la oclocracia se cambia racionalidad por sinrazón.

La constante apelación *"a la gente"*, *"a la ciudadanía"* por los modernos oclócratas, pretende lo mismo que en tiempos clásicos: alcanzar el poder a través de acciones populistas que incidan en emociones irracionales, sentimientos, ensoñaciones, miedos, sensaciones, cuestiones estéticas o venganzas que nula relación guardan con los reales intereses de los ciudadanos. El abuso de los medios de comunicación con la artera finalidad de servir como altavoz persistente a esta retórica superficial, sigue siendo la clave para imponer el nuevo régimen, en el que la desinformación reina y se imponen ante todo los astutos cálculos de imagen.

A diferencia de las fórmulas tradicionales, no obstante, en la actualidad los destinatarios de la demagogia barata ya no son las hordas ignorantes, fácilmente manipulables. Lo son sociedades en las que la formación superior está muy extendida y en las que los índices de conocimiento son, oficialmente, razonablemente altos.

La decadencia de la democracia producida en este nuevo escenario, por consiguiente, pone en entredicho la calidad de nuestro sistema educativo, que no ha sabido conjurar el peligro de que cada vez más personas, en especial jóvenes, sucumban al espejismo del populismo. No es comprensible que la oclocracia se produzca hoy precisamente en una población con tantos títulos académicos colgados de la pared, por más que hayan avanzado los métodos de manipulación social en manos de los demagogos. El crecimiento sostenido de estas propuestas electorales a lomos de ilusiones y pasiones, de arrebatos e irracionalidad, con tan pobre atención a las recetas que pueden permitir la solución de los principales dilemas, sorprende en un contexto de tanta preparación intelectual con tanto reflejo estadístico.

Lo peor de esta realidad, sin embargo, no es que la oclocracia llegue en estas inéditas condiciones, aunque ello resulte tan pernicioso y preocupante. Lo es principalmente que, conforme a la teoría del ciclo político atribuida al propio Polibio, a esta grave degeneración de la democracia acostumbra a seguir una súbita vuelta a la monarquía, en la que de inmediato se engendra la tiranía, que es lo que ha venido sucediendo desde el Imperio romano.

Detener esta degradación pasa, pues, por potenciar la voluntad general que soporta a toda democracia, subrayando con insistencia lo que resulta esencial y lo que es intrascendente, lo que debe tomarse con seriedad y lo que no, lo que es una tomadura de pelo y lo que no lo es.

En caso contrario, preparémonos para la cuenta atrás.

9.- HACIA LA INTRASCENDENCIA (Diarios de *Editorial Prensa Ibérica,* 7 de diciembre de 2015).

Bélgica estuvo sin gobierno un año y medio. Sus servicios públicos funcionaron. Ni la libertad ni la seguridad ciudadanas se resintieron. Incluso los datos económicos prosperaron durante esos dieciocho meses, con sensibles mejoras en renta per cápita o en disminución del desempleo. No sabemos qué hubiera sucedido de prolongarse más tiempo esa situación, pero no parece descartable que todo siguiera al mismo ritmo sostenido de progreso que garantiza un marco institucional y legal sólido y sensato.

Uno de los grandes éxitos contemporáneos ha sido precisamente ese, el de conseguir un contexto en el que siempre sea propicio el avance. La Unión Europea, como muestra, ha sabido con los años cimentar un entorno de normas y principios a partir de los cuales pueda desarrollarse con plenitud cada europeo. Como recientemente se ha visto en el caso de Grecia, las alternativas al margen de ese escenario comunitario existen, pero requieren antes valorar si precipitarse o no al vacío.

Siendo así las cosas, extraña que las contiendas electorales continúen polarizando tanto la información. Y que sus protagonistas insistan en adoptar actitudes tan poco honestas. Cualquier opción en liza conoce que el sistema del que nos hemos dotado cuenta con plena capacidad para ahormar sus propuestas, sean del orden que sean, porque así se ha considerado en el ámbito interno y externo como lo más acertado tras décadas de experiencias y análisis de especialistas. Por eso, sorprende el pavor que alguien puede padecer ante el triunfo de tirios y troyanos, toda vez que los asuntos esenciales están en gran medida a buen recaudo, venturosamente.

Acaso por estas razones, el ámbito de la disputa política ha quedado paulatinamente reducido a la retransmisión televisiva de los candidatos jugando al futbolín, paseando en globo, haciendo la cena o charlando tomándose unas tapas, en especial sin corbata.

El camino al que conduce todo eso tiene un nombre: irrelevancia. Y, tratándose de algo tan importante para una democracia, eso no puede tener nada de bueno. La deriva actual de los procesos electorales hacia esos terrenos de la banalidad constituye algo peligroso, por más que, como se ha dicho, la sociedad tenga propios mecanismos de supervivencia y funcionamiento que le permiten seguir adelante.

Estamos a tiempo, pues, de que las campañas comiencen a desenvolverse con la sensatez y cordura que nos permita elegir a quienes no estorbarán demasiado de salir elegidos, bailen o hagan gimnasia.

10.- EL PLACEBO SOCIAL (Diarios de *Editorial Prensa Ibérica*, 22 de septiembre de 2015).

El placebo es un fármaco inerte capaz de provocar mejoría a ciertos enfermos, si estos desconocen que están recibiendo una sustancia inocua y se creen que es un medicamento. Un placebo no puede curar un cáncer, por ejemplo, sino que se limita a aliviar sus síntomas superficiales, al tratarse de una poderosa herramienta psicológica a disposición del paciente.

Una consecuencia notoria de la gran recesión que padecemos viene dada por la generalización de la superficialidad para resolver desafíos complejos. En lugar de indagar en soluciones sencillas, que tan buen resultado dan y tanta dificultad entrañan, la actualidad está presidida por manifiestas simplezas y frívolas fórmulas. Por lugares comunes, obviedades y palabras huecas que captan de inmediato la atención ciudadana y son seguidas por legiones como si de un eficaz placebo se tratara.

Esta tendencia no se limita al juego político. Se extiende ya a jefaturas de Estado, a altas magistraturas o incluso a líderes espirituales o sociales internacionales. Al ser determinante de las modernas propuestas su atractivo en la opinión pública, se extiende en todas las latitudes no solo el odioso lenguaje políticamente correcto, sino el planteamiento de ocurrencias adolescentes impropias de la evolución social y cultural que, en términos de civilización, nos ha conducido al tiempo presente. Abundan por doquier planes o proyectos no solamente sonrojantes, sino incluso dejados al albur de lo que se vaya decidiendo a salto de mata. Salvo contadas excepciones, quienes hoy ocupan lugares de responsabilidad prefieren optar por la imagen acogedora, complaciente y encantadora como si se tratara de un fin, con independencia del efecto positivo o negativo de sus tareas o del sentido o sinsentido de sus actuaciones sobre las cambiantes y graves realidades que toca afrontar para mejorar las cosas.

Las sugerencias de esta hora, incluidas aquellas expresadas por personalidades a las que se les supone altura intelectual o talla moral por ejercer dignidades de trascendencia, transitan desde el más trivial adanismo hasta la ingenuidad más cándida, pasando por recetas caducas o que la historia se ha ocupado de desdeñar, por inútiles. Poco de ponerse manos a la obra a trabajar esforzadamente en métodos, técnicas o sistemas que puedan producir un futuro más halagüeño, a partir de las experiencias acumuladas. Y nada, por supuesto, de indicar que los desafíos son muy serios y requieren de un análisis del mismo jaez, porque ello va contra el espíritu reinante de inconsistencia y buen rollo.

Advierto con estupor que cada vez más personas confían en el placebo social como el único capaz de conducirnos a un porvenir positivo. Pero los problemas graves no son nunca susceptibles de cura con esos inocentes remedios, sino con fármacos y terapias eficaces que ataquen los males desde su raíz, cosa que incluso no siempre se logra ni con estos métodos.

Qué duda cabe que muchos de los dilemas actuales precisan de nuevas formas de enfrentarlos, al ser evidente que los tratamientos aplicados no han conseguido completamente su propósito, pero ello debe hacerse desde procedimientos sensatos y juiciosos que permitan, a partir de las experiencias acumuladas, avanzar y mejorar. Como lo haríamos cualquiera en nuestra propia casa.

Lo que no parece de recibo, en cambio, es el recurrente empleo al placebo social para intentar salir del atolladero, en especial porque corremos entonces el riesgo de convertirlo en nocebo, y empeorar los síntomas en la creencia que se trata de una tomadura de pelo que nos provoca efectos dañinos, dolorosos y desagradables, tantas veces irrecuperables.

11.- PROPUESTAS PARA REMEDIAR BARBARIES (Diarios de *Editorial Prensa Ibérica*, 20 de noviembre de 2015).

Quien, con gran coste humano, ha sorteado fronteras para alcanzar regiones prósperas del planeta desde su subdesarrollo de origen, sin obtener desafortunadamente el nivel de acogida y bienestar soñado, es posible que observe como un propósito loable la devastación de la civilización a la que se ha dirigido. Si a eso unimos la consideración del terrorismo como una actividad retribuida o la aspiración a un inmediato tránsito al edén en forma de inmolación, entonces habremos de coincidir que el asunto al que nos enfrentamos no es menor, porque algunas de esas personas desarraigadas, no especialmente bienvenidas en su entorno, con economías precarias y pasto de predicadores sin escrúpulos, puede que ya compartan con nosotros descansillo de escalera. No vemos sus caras en el lado opuesto del campo de batalla, sino en el portal, en la barra del bar a la hora del café o en el metro a hora punta.

Migraciones por motivos económicos siempre han existido. Al llamado primer mundo acuden cada año millares de seres en búsqueda de una mejor vida, o incluso simplemente de poder mantenerse. Se quedan en él cuando encuentran acomodo material. Y, en caso contrario, o retornan o ensayan éxito en otro lugar. Nos resultan familiares estas cosas, por los flujos de ida y vuelta que hemos tenido y tenemos con Iberoamérica. La novedad actual radica en que, aunque no se cuente con un soporte económico básico, nuestras estructuras sociales permiten hoy una supervivencia digna a todos, un logro indudable de Europa que nos supone un colosal esfuerzo fiscal, lo que se traduce en la innecesariedad de trasladarse a otros sitios para poder disfrutar de un contexto mínimamente propicio para el desarrollo.

Qué duda cabe de que el gran reto consiste en integrar con generosidad a los inmigrantes en la idiosincrasia del Estado receptor, permitiendo también su desenvolvimiento pleno en aquellos modos de vida que traigan consigo, siempre que resulten acordes con la cultura y el derecho del destino. Pero, como esta meta educativa y cívica es de largo recorrido, al tiempo de su puesta en marcha acaso se precisen otras fórmulas que garanticen la continuidad de nuestro modelo de libertades ante el riesgo de su desaparición o menoscabo.

En este sentido, no debe merecernos excesiva censura que la misma normativa que ha permitido la entrada de tantos emigrantes en las últimas décadas en las naciones europeas, conciba ahora medidas para disipar dudas acerca de la intención positiva de tal acogimiento o permanencia, persona a persona. Del mismo modo que existen procedimientos de regularización o nacionalización individualizados, ningún inconveniente puede haber a que se promuevan expedientes en dirección inversa, siempre que exista un grado lo suficientemente motivado acerca de la potencial amenaza para la seguridad del que resulte sometido a reconocimiento. En las democracias occidentales contamos con métodos a nuestro alcance para lograr este control: al margen de los servicios de inteligencia y unidades policiales, la supervisión administrativa o fiscal acostumbra a indagar todo fraude, en cada casa. Una tramitación exhaustiva y minuciosa, con escrupuloso respeto a los derechos de los afectados, nos puede ayudar mucho en este objetivo. Es claro, no obstante, que el final de estos procesos, además de la pérdida de nacionalidad, habrá de conducir a otras actuaciones en las que se precisan acuerdos con terceros Estados, no siempre posibles en términos económicos o políticos.

Ni que decir tiene que en un futuro próximo habremos de recorrer estos escenarios hasta ahora inexplorados, con las modificaciones legales que correspondan, para hacer frente al delicado desafío que hoy compromete nuestra misma subsistencia como sociedad. Lo que está en juego es eso. Por ello, y al tiempo de seguir reclamando de la comunidad internacional que intervenga con prontitud y determinación en los focos del problema -¿siguen existiendo los *Cascos Azules* de Naciones Unidas, por cierto?-, quizá proceda comenzar a mirar a nuestro patio trasero tratando de encontrar soluciones eficaces que despejen las serias incógnitas que se ciernen sobre nuestra forma de vida.

12.- EL AÑO DE LAS PLAZAS (Diarios de *Editorial Prensa Ibérica*, 30 de diciembre de 2011).

De la Puerta del Sol a Wall Street, de Tahrir a la Plaza Roja, los distintos movimientos sociales que se han ido sucediendo durante 2011, pese a lo variopinto y confuso de sus propuestas, merecen sin duda una atención especial. Si presagian o no algo más trascedente para la historia contemporánea el tiempo lo dirá, pero lo que desde luego ha de reconocerse es que han despertado en medio mundo el interés por las formas de gobierno y, sobre todo, por la representatividad del titular de la soberanía en ellas, algo que recuerda en cierto modo a la génesis de las oleadas ciudadanas que cristalizaron en las cartas norteamericana y francesa.

En lo que coinciden todas estas corrientes es en la censura del rol alternativo que los mercados financieros están adoptando en el tiempo presente, desplazando al que hasta hoy habían desempeñado los tradicionales poderes públicos, legítimamente elegidos. Se denuncia, así, que quienes han sido uno de los causantes de la profunda crisis que padecemos sea quien indique la salida y que los representantes políticos, lejos de intervenir sobre el sector, le permitan proseguir en su función sustitutiva de las cámaras o los ejecutivos.

Indudablemente, las necesidades económicas de las naciones precisan del decisivo aporte crediticio e inversor, máxime en el modelo de bienestar generado tras la última gran guerra, pero nunca como hasta ahora los acreedores se habían erigido en la clave de arco de la malhadada gobernanza, impidiendo de facto la celebración de referendos populares, haciendo caer a gobiernos uno u otro signo o, en fin, difuminando la participación de la comunidad política sobre su mismo futuro.

Desde luego, quienes componen los mercados financieros como partícipes de un fondo de inversión o cualquier otro producto, sin duda ambicionan que su dinero sea eficazmente gestionado y les reporte los correspondientes rendimientos, ganando o perdiendo conforme al riesgo implícito en toda operación comercial, pero ello no necesariamente entraña ninguna capacidad adicional para alterar el statu quo de un determinado país, salvo que el resto de la sociedad, debidamente formada e informada, así lo decida en libertad. Lo propio puede predicarse de las agencias de calificación, que sirven como instrumentos de medición de la evolución económica, pero que, al margen de su mayor o menor fiabilidad e independencia, no parece razonable que puedan ocupar lugares más allá del que se les reserva en dichos peculiares ámbitos, como hoy en día sucede, aunque sus conclusiones sean tenidas en cuenta en la disputa democrática.

Ni los mercados financieros ni las agencias de rating han exteriorizado jamás su propósito de suplantar la función reservada al principio democrático, aunque las recomendaciones de estas últimas puedan resultar, en ocasiones, rayanas en la intromisión en la función ejecutiva o legislativa. Han sido en buena medida los responsables públicos elegidos por vía democrática quienes les reconocen en esta hora su papel preponderante en nuestras sociedades, cediéndoles de forma insólita su propio espacio en lugar de someter los problemas que nos acosan a mecanismos legales y de gobierno bien conocidos, aunque con indudable coste electoral: la reforma profunda del propio sector financiero y el acomodo de nuestros gastos al nivel de nuestros ingresos y dimensión como nación, ajustes que son enteramente posibles, creemos, con el uso de las herramientas dispuestas en nuestros ordenamientos contemporáneos, sin necesidad de que sean objeto de reemplazo por otros métodos y maneras que no permitan la plena participación ciudadana en ellos.

Podemos y debemos profundizar en los mejores sistemas para encauzar dicha contribución social, algo que está en el ágora desde el pasado mes de mayo, pero sin suplantar a muchos o pocos inversores por quienes no lo son, porque la historia nos ha enseñado las consecuencias, no necesariamente benignas, de preterir al titular real de la soberanía.

Si, como señaló Bertolt Brecht, la crisis es la etapa en que lo viejo no acaba de morir y lo nuevo no acaba de nacer, estamos a tiempo de evitar el mortinato y la vuelta a momentos históricos de los que procede aprovechar experiencias.

13.- ORÁCULOS (Diarios de *Editorial Prensa Ibérica*, 5 de mayo de 2015).

Las nuevas formas en política pasan por defender las ideas achinando los ojos, hablando apresuradamente –como si se estuviera cantando temas de oposición– y, sobre todo, destilando mal humor sin tasa. No entro en la razón o sinrazón de las propuestas de unos y de otros, sino en las maneras actuales de dirigirse a los votantes, cuestiones estéticas al margen. El lenguaje que hoy impera es el del vituperio incontinente aderezado con la mala leche.

Acaso con la idea de subrayar los mensajes, se dicen cosas tremendas en un formato áspero, retador, enfadado, como si lo que pasa, en especial lo menos bueno, fuera el retorcido deseo de quienes mandan.

Esto que comento se hace bien visible cuando emergentes líderes fuerzan la sonrisa al divisar una cámara. O cuando terminan su perorata atropellada y mal encarada. Si se fijan, el rictus que les sale natural es una colosal muestra de impostura, porque lo suyo es el cabreo impenitente e inmisericorde que no deja títere con cabeza, salvo a sus conmilitones y afines, a quienes nunca les alcanza la censura por tratarse de entes seráficos y sabios que conocen y dominan las fórmulas magistrales y los secretos arcanos que pueden acabar como por ensalmo con todos los problemas del Planeta.

No deja de sorprender el imprudente y soberbio desparpajo que exhiben estos nuevos gurúes de la cosa pública. Ante delicados dilemas que llevan décadas siendo objeto de detenido estudio por legiones de especialistas de medio mundo –de toda latitud, credo, ideología o raza–, ellos presentan un lenguaje plagado de lugares comunes, de eslóganes y de simplezas que ruborizan, y todo ello, además, con un envoltorio calculadamente academicista, para tratar sin duda de embaucar al personal, en especial al desesperado o al que está a otras cosas y es bienintencionado por naturaleza.

En Iberoamérica, donde conocen bien los males del populismo, se suele escuchar que la mejor vacuna es una clase media razonablemente formada. Con personas preparadas, los cantos de sirena y mensajes vacíos de contenido, o con recetas caducas, acostumbran a ceder. En estos casos, la constante e irritante exhortación «a la gente», a la «mayoría social», o «al pueblo», acaban siendo desdeñadas precisamente por la misma sociedad, harta ya de fórmulas generales y demagógicas y nunca de soluciones concretas y sensatas.

Como se ha visto en Europa, presentarse ante un electorado vendiendo motos, tiene muy corto recorrido. Igual que sucede con la oferta de programas vacíos de sustancia, de experimentos poco madurados o limitados en exclusiva al asunto económico, aun siendo este tan importante. Un país como el nuestro, profundamente impregnado por la educación universitaria, precisa ante todo de elegir modelos de gestión serios, profesionalizados, rigurosos, que garanticen el gobierno desde la razón y la sensibilidad.

Lo contrario, esto es, la atención a los nuevos profetas y a sus diletantes acólitos, nos retorna de inmediato al oráculo y, por esa senda, a la oscuridad de la caverna.

14.- LA NUEVA VIEJA POLÍTICA (Diarios de *Editorial Prensa Ibérica*, 13 de septiembre de 2016).

Quienes encarnan a la llamada nueva política no cejan de hablar del pasado. Y ello a pesar de que sus votantes procedan en gran mayoría de las nuevas generaciones, que en buena lógica debieran de estar situados en la vanguardia y proporcionarnos soluciones imaginativas a mil problemas. Resulta curioso este fenómeno: los que con tanto aparato verbal venían a cambiar las cosas son hoy los que más invocan el ayer, si bien en episodios determinados, omitiendo otros ominosos vinculados a sus ideas. No es sencillo saber hoy quién es más carca o retrógrado, si los partidarios del bipartidismo o aquellos que han llegado para acabar con él.

El imaginario de sus huestes da también alguna clave adicional sobre lo que hablo. Predominan en ellas rostros de personajes de hace medio siglo y lemas genuinamente vintage. También, las rancias obsesiones de siempre: la iglesia, los toros o las banderas. Juventud viejuna en términos políticos, excepción notable a la inmadurez reinante entre tantos adultos adolescentes que ha generado nuestra sociedad o quizá consecuencia directa de ello.

Es una verdadera lástima que estas inquietudes emergentes no hayan podido salir de este bucle melancólico, proponiendo un moderno proyecto de nación, región o ciudad. En sentido positivo, de futuro. Sus programas, cuando no han sido cambiados para cada comicio, han sido externalizados a grupos de sabios de catálogo, perdiendo con ello la oportunidad de ofrecer aquello para lo que nacieron: aportar nuevas soluciones eficaces y sensatas. Donde gobiernan, se limitan a reabrir heridas cicatrizadas o a sugerir ocurrencias ruborizantes. Nada que ver con la frescura juvenil henchida de ilusionantes planes para solventar todos los males, que tanto se ocuparon de pregonar en las plazas y platós de televisión.

Esta circunstancia no ha hecho sino reforzar el bipartidismo. El hastío provocado por estas formas ásperas y ancladas en el siglo pasado, así como aquellas otras estilo yenka y pendientes exclusivamente del postureo, han devuelto a las opciones tradicionales, sin buscarlo, su posición de renovado liderazgo, algo que nos sitúa por cierto entre las naciones más prósperas del planeta, donde se alternan desde siempre dos partidos principales, tan ricamente.

De ser convocados a nuevas elecciones generales, se comprobará presumiblemente en las urnas que el tiempo de los experimentos ha tocado a su fin, y que volverán las aguas al cauce tradicional de las formaciones que cuentan con ideario y criterio, que deberán obtener el respaldo democrático con fundamento en su oferta de reformas serenas, posibles, que permitan mejorar, incorporando también a personas que hayan demostrado en su vida profesional o laboral que quieren hacer, no ser, como defendía en su día aquella ilustre líder europea.

Adiós por tanto a la nueva política, por carcamal y pesada, por inane y por presuntuosa. Por creerse que puede venir a comerse el mundo a golpe de cuatro eslóganes y cinco obviedades, vestidas de bandoleras o cinturas entalladas. Por no ocuparse del mañana, que es ya hoy, y desafiar nuestra paciencia con su insistencia en el retrovisor y la diletancia.

15.- CRUZAR EL PUENTE DE LA TOJA (*Faro de Vigo*, 15 de agosto de 2016).

El centenario puente que une El Grove con La Toja no es solo un puente. Es el acceso al paraíso. Por el día y por la noche permite que quienes cuentan con sensibilidad serena y elegancia interior, los que huyen del estrépito y la zafiedad en que se han convertido tantos lugares del verano español, puedan disfrutar de uno de los paisajes más hermosos y plácidos del planeta. El casi medio kilómetro que media entre tierra firme y el suelo de la Isla es la distancia exacta para dejar atrás los tormentos y que el espíritu se remanse bajo un cielo limpio y un suave aroma a bajamar.

Supongo que quienes a diario lo atraviesan no advertirán sus poderosos efectos paliativos. Pero para los que tenemos la fortuna de hacerlo cada agosto, ese puente divide el año en dos. Cruzarlo equivale a penetrar en uno mismo, a prepararse para días reparadores de los que en el largo invierno se extrae considerable combustible. A disponerse también a descansar en plenitud y a dedicar a la familia tanto tiempo hurtado como consecuencia de la endiablada vida moderna.

Desayunar viendo cómo el islote Beiro es alcanzado por una lancha de ostreiros, mientras otros trabajan el género en la ribera, no es imagen fácil de encontrar. Depositar la mirada en los confines de la Ría de Arosa, adivinando a lo lejos Cambados detrás de La Toja pequeña, constituye un formidable regalo de la vida. Entrar en los jardines del Gran Hotel, disfrutar de un oporto en su salón inglés mientras a tu lado interpretan al piano *Autumn Leaves*, no admite comparación. Pocos privilegios parecidos a este para cualquier alma sensible a la belleza.

Por todo ello, panoramas tan sensacionales como este ayudan a pensar que no responden a la realidad los aciagos recados que a cada rato escuchamos. Contamos con una nación extraordinaria, con enclaves mágicos y sensacionales como La Toja. Con dilemas, como es natural, pero también con infinidad de recursos para sortearlos. Como siempre ha sucedido. Somos unos afortunados al tener una tierra tan fabulosa, con tantas generaciones que han sabido legarnos un patrimonio tan extraordinario.

Aquellos que constantemente se basan en el anuncio del desastre, en el presagio de la catástrofe, en el aviso de la calamidad, deben saber que sus planteamientos ni son propios de lo que pensamos, ni tienen futuro alguno. Nuestros mayores han conocido problemas notables, de los que han salido airosos sin contar con los medios de los que hoy disponemos nosotros. Por eso sabemos distinguir cuándo estamos ante desafíos graves, cuándo se vislumbra que están en camino de ser conjurados, y cuándo la demagogia barata e irresponsable se empeña en agitar la lamentable bandera de la desesperanza.

Estos pelmazos del pesimismo calculado, del luto permanente, tienen que darse cuenta de que, pese a su negros vaticinios sin propuestas alternativas viables, sino sonrojantes, los establecimientos de El Grove o Sangenjo siguen sin dar abasto del considerable número de clientes que reciben a diario, facilitando de ese modo que miles de familias de numerosos sectores puedan trabajar y vivir en su tierra. Somos muchos más los que pensamos que todo irá bien, como ha ido durante los últimos treinta y cinco años.

Volvamos de nuevo a cruzar el puente de La Toja y rescatemos de él su espíritu de positivo, de grandeza y sencillez, que tanto nos puede ayudar en cada nuevo curso.

16.- ESPAÑA (*El Confidencial Digital*, 22 de agosto de 2016).

Subir al Tibidabo en un día de suave garbí a divisar al mediterráneo mecer a una Barcelona hecha a cartabón, levanta el espíritu. El mar de niebla que se adivina desde la cueva de la Santina en Covadonga, haciendo sobresalir unos riscos cargados de historia y leyenda, estremece. Comer torta del casar en familia en la plaza porticada de Plasencia; pasear descalzo por la playa del bikini de Santander; disfrutar las grutas del Sacromonte gradino; oler el pescaíto frito al costado de la catedral de Cádiz; traspasar los solemnes muros de El Escorial; bañarse en Ondarreta antes de almorzar en el tenis de San Sebastián..., los españoles no sabemos lo que tenemos en España.

De Almería a Navia, nos rodea un paraíso colmado de una naturaleza y una historia verdaderamente fascinantes. La extraordinaria red de vías de comunicación y transporte puestas en marcha tras nuestra incorporación a la Unión Europea, permite los desplazamientos de un lado al opuesto en condiciones impensables hace apenas unos pocos años. La extensión por el territorio nacional de servicios de todo tipo, hace que viajar por España no sea ya una aventura, algo también imposible décadas atrás.

Hemos sabido construir una nación imponente. Una joya. Nada que ver con esa imagen catastrófica que forzadamente se nos hace ver por quienes la utilizan por deplorables intenciones políticas. Con problemas muy importantes, pero también con inmensa capacidad para solventarlos, como bien recuerdan nuestros mayores de sus propias experiencias. No son verdad los mensajes apocalípticos que cada dos por tres escuchamos: España ha prosperado en términos espectaculares en los últimos treinta años, algo que reconocen quienes nos conocieron entonces y lo hacen de nuevo ahora.

Esta realidad incontestable ha sido consecuencia de una clase dirigente responsable y de alta calidad. Los diferentes gobiernos de distinto color que se han sucedido en democracia, han liderado ese colosal despegue que deslumbra al mundo. De ahí que se haga tan necesario ahora reivindicar unos políticos de categoría, preparados, que sean capaces de recoger el testigo y hacernos avanzar, con altura de miras –lo que suele definirse como visión de Estado-, sin enredarse en fulanismos ni pedestres ocurrencias infantiles.

Hemos de estar bien orgullosos de ser españoles. Sin complejos. Sin exclusiones. Con la certeza de que pertenecemos a una gran nación con formidable riqueza, plural, casi un continente en un país, con tradiciones diversas que al unirse no encuentran parangón. Ser españoles que lo somos por el hecho de ser asturianos, riojanos, murcianos o canarios. *E Pluribus Unum*, como sabiamente reza el lema de Estados Unidos, esa otra gran nación hermana que ha sabido erigir de la diversidad su esplendor.

17.- MODERAR Y ARBITRAR (Diarios de *Editorial Prensa Ibérica*, 30 de agosto de 2016).

El artículo 56, 1 de la Constitución española atribuye al monarca, como jefe del Estado, las funciones de moderar y arbitrar el funcionamiento regular de las instituciones. No resulta sin embargo una tarea sencilla la de identificar el alcance de esas dos responsabilidades y en especial sus límites, de tanta importancia en estos momentos en España. Del precepto parece desprenderse que incluye dos tipos de facultades, aunque su redacción invite a pensar en una tautología. Moderar alude a labores de impulso y ayuda en el quehacer de los poderes del Estado, mientras que arbitrar apunta a evitar o resolver aquellas controversias que se susciten entre ellos. Ni una ni otra pueden suponer la invasión de las competencias de otras instituciones estatales, políticas o judiciales, siendo este el más notorio condicionante de su ejercicio, en defensa precisamente del rol imparcial y garante que se reserva a la Corona.

Dentro de tales facultades se enmarcan, como es obvio, las rondas con los líderes parlamentarios para proponer a los candidatos a la investidura. Pero también caen bajo este mandato constitucional otros cometidos, como los tendentes a asegurar la continuidad del sistema o la gobernabilidad cuando resulte amenazada, a través de la autoridad, prestigio e influencia que en nuestro ordenamiento se hace descansar en la figura del monarca.

Este deber regio puede adoptar muy diversas dimensiones. La principal, quizá, resida en mantener con los restantes poderes del Estado unas relaciones tan intensas y directas que permitan estimular eficazmente la continuidad institucional y terciar en aquellos conflictos entre poderes que se puedan presentar en el camino, tarea preventiva, además, que en nuestro derecho solamente se atribuye al rey.

Para José María Gil-Robles y Gil-Delgado, que ha estudiado esta doble función real, esta se traduce, gráficamente, en lubricar los engranajes constitucionales a través de la persuasión, no de la imposición, por medio de advertencias, de sugerencias o consejos, y siempre en un contexto de natural discreción y confidencialidad.

Desde el inicio de la monarquía parlamentaria en España, la práctica ha evidenciado que el jefe del Estado ha venido haciendo un amplio uso de estas facultades constitucionales, como recuerda el propio Gil-Robles. No hubieran sido posibles infinidad de logros como Estado sin dicha participación moderadora y arbitral, efectuada con la oportuna reserva y en un entorno de confianza mutua, de reconocimiento de la autoridad regia y de sentido de la responsabilidad entre los actores implicados. Ello no constituye, además, ninguna excepción en los sistemas jurídicos más avanzados, en los que se dota a la primera magistratura de estas mismas capacidades.

El problema viene dado cuando, ejercidas estas facultades moderadoras y arbitrales, los interlocutores no comparten las condiciones que acabo de mencionar, no dejándose ni moderar ni arbitrar, por los motivos que sean. Nada dice de ello nuestra carta magna, además de que incluso interpretando con sentido finalista el mandato de regular las instituciones que se atribuye al monarca, carecería de potestad para hacerlo.

La ingobernabilidad, sobre todo desde la perspectiva internacional y ante los desafíos internos por todos conocidos, demanda de los representantes públicos un mínimo de sensatez, toda vez que los bloqueos no solamente afectan al sistema en su conjunto, sino a la propia monarquía parlamentaria, a la que se le impide de ese modo desempeñar su papel, colocándola en delicada situación de irrelevancia, algo serio tratándose de la jefatura de un Estado.

18.- LO DE CATALUÑA (Diarios de *Editorial Prensa Ibérica*, 15 de agosto de 2016).

"El catalán es un ser que se ha pasado la vida siendo un español cien por cien y al que le han dicho que tenía que ser otra cosa". Estas palabras son del gran Josep Pla y datan de finales de los setenta del pasado siglo, ya en democracia. Desde entonces, el crecimiento de las opciones catalanistas ha ido en aumento, hasta alcanzar la deriva independentista actual. Han sido escasas las propuestas ideológicas que se han atrevido a recoger las sabias ideas del payés universal, unas veces por cálculos políticos interesados –para lograr gobiernos estables en Madrid– y otras por falta de libertad para defenderlas en un contexto mediático y ciudadano asfixiante, en el que resulta heroico ir contra lo políticamente establecido.

Con todo, por activa y sobre todo por pasiva, continúan sucediéndose episodios que insisten en la irresponsable quimera de la independencia, con indisimulado desafío al marco institucional y jurídico interno y comunitario. Quienes así actúan, apelan al mandato del

Parlamento catalán y al principio democrático, algo muy socorrido cuando se pretenden unas cosas y se tratan de evitar otras, piénsese por ejemplo en lo que sostienen los propios grupos catalanes en las Cortes sobre la investidura del candidato que ha ganado dos veces las elecciones con notoria distancia frente a los demás partidos. Tampoco el Parlamento de Cataluña ha impuesto nada en tal sentido, entre otras poderosas razones porque carece de capacidad para ello.

Sea como fuere, incluso desde la propia óptica independentista, constituye un solemne dislate proseguir con esta lamentable ocurrencia. De lograrse la ansiada mayoría favorable de la mitad más uno, ya sea en un hipotético referéndum agitado por los medios subvencionados o en la mayoría parlamentaria, un futuro Estado catalán contaría con la otra mitad de su población en contra, un entorno social compuesto por millones de disidentes que ni cooperaría con las nuevas autoridades ni acataría sus leyes. Un nuevo Estado fallido en toda regla.

En Kosovo, ejemplo al que tanto se recurre, fue el asentimiento del Parlamento —de sus 109 diputados— el que promovió su declaración unilateral de independencia. Más del 90% de su población, no el 50%. Todos los kosovares, nunca la mitad, algo completamente lógico desde la perspectiva de la gobernabilidad del territorio. No ha nacido jamás un país contra la mitad del otro. Ni por otro motivo democrático que no fuera la práctica unanimidad o voluntad absoluta de sus ciudadanos. Los procesos de independencia desarrollados incluso en el ámbito de la descolonización han contado también con ese generoso margen de aceptación por los nuevos súbditos.

Eso no sucede en modo alguno en Cataluña, motivo por el cual procede poner coto a los enredos que buscan insistir en este colosal disparate, aplicando la ley con rigor y por puro sentido común. El daño ya ocasionado al fracturar una sociedad puede ser un mal menor ante la aventura suicida de un nuevo Estado dividido y fuera de Europa y de la razón más elemental.

A tiempo estamos de impedirlo, reforzando al mismo tiempo los lazos con una tierra, como la catalana, repleta de gentes sensatas y laboriosas, que son un orgullo para todo el país. Una entrañable sociedad que, sin duda, no se merece la paupérrima calidad de representantes que ha debido soportar desde el advenimiento de la democracia y que les está conduciendo al borde del precipicio absurdamente.

19.- DEMOCRACIA Y TIRANÍA DE LAS MINORÍAS (*ABC*, 26 de mayo de 2016).

"*Democrático*" es el segundo adjetivo de la Constitución. España, conforme al artículo 1.1 de nuestra Carta, "*se constituye en un Estado social y democrático de Derecho, que propugna como valores superiores de su ordenamiento jurídico la libertad, la justicia, la igualdad y el pluralismo político*". Este principio general, aplicable a todo el ordenamiento y del que se desprenden diversas ideas, se asienta sobre dos singulares elementos en los que pretendo detenerme aquí: el respeto a la mayoría y a las minorías.

La mayoría, como es obvio, es la que obtiene el respaldo superior de una colectividad. Y por esa misma razón es la llamada a gobernar, porque ello configura la base del sistema democrático, tanto desde la vertiente jurídica como de pensamiento. Quienes apoyan a las diversas modalidades de la "*democracia directa*" nunca dudan de que los resultados de las consultas o referendos hayan de ser rigurosamente acatados. Es más: son continuas sus apelaciones a los sufragios populares como cimientos del nuevo régimen. Si ello es así, parece evidente que la esencia del principio constitucional democrático parta de que quienes han ganado unos comicios sean los únicos con capacidad y legitimidad para liderar un gobierno, como incluso prevé la legislación electoral en lo referido a la elección de alcaldes, caso de no obtenerse mayoría de concejales.

Para evitar la tiranía de la mayoría de la que advirtieran en hora temprana Tocqueville o Burke -y que tantas tragedias ha generado en Europa en el pasado siglo- el derecho ha venido concibiendo diversos instrumentos precisamente orientados a la consideración de las minorías y el pluralismo político como eje capital de los estados democráticos. La adopción de medidas que afecten a los derechos humanos, por ejemplo, acostumbra a someterse a umbrales rayanos en la unanimidad o consenso general. La existencia de alternancia y del juego de pesos y contrapesos inseparable de toda democracia así lo demanda.

El principio constitucional de la mayoría democrática con escrupuloso respeto a las minorías, no obstante, se compadece mal con la hegemonía de estas últimas aprovechando la configuración de los parlamentos. No cabe oponer al principio de mayoría otro de mayoría minoritaria, que es todo un oxímoron jurídico, por cuanto quien gana unas elecciones solamente puede ser uno y debe gobernar a partir de la coyuntura dada de una asamblea representativa, en la que necesariamente habrá de negociar y pactar para llevar adelante sus iniciativas legislativas. El supuesto previsto para las elecciones municipales y los alcaldes, antes citado, podría suponer en el caso del Estado la no necesidad de volver a convocar elecciones, al permitir que quien ha obtenido más número de votos pueda ser nombrado presidente del Gobierno y someterse, claro es, al examen parlamentario, necesitando concertar aquellos acuerdos que logren el mayor número de apoyos.

Lo contrario, esto es, la parálisis institucional que impide que la mayoría alcance el triunfo que le han dado las urnas, simboliza como pocos la *tiranía de la minoría* acuñada con éxito por el pensador británico John Kay, además de suponer una nueva incoherencia de las corrientes new age de la política, que insisten ad nauseam en la trascendencia del voto popular para unas cosas, pero no para las principales.

Sin duda, la reforma de la ley electoral, a la luz de la experiencia de estos últimos años, no ha de ir encaminada hacia un sistema de doble vuelta o balotaje -costoso y ajeno a nuestra tradición-, sino ante la extensión de la fórmula de la elección de alcaldes que figura desde hace años en la propia normativa interna y que ha dado satisfactorios resultados, además de no afectar a precepto constitucional alguno.

Con todo, una modificación más audaz debería blindar al principio de la mayoría democrática y resguardarlo de las amenazas de las minorías, salvo que deseemos la ingobernabilidad o el gobierno de espaldas al mayor porcentaje de votantes.

20.- SOBRE EL CONTROL DE LA PREVARICACIÓN (*ABC*, 14 de julio de 2015).

Si la prevaricación administrativa versa sobre actuaciones sometidas al tráfico jurídico público, ni que decir tiene que su examen precisa del análisis judicial contencioso. El enjuiciamiento de estos delitos a raíz de cierta línea jurisprudencial expansiva de la Sala II del Tribunal Supremo -y sobre todo el severo impacto que tales pronunciamientos provocan a diario en la opinión pública- demanda sin duda una serena reflexión sobre su actual configuración.

No se trata, como es natural, de patrocinar un desplazamiento del orden contencioso sobre el penal, sino de evitar que este último arrumbe con las atribuciones de aquel, que es lo que acontece en la actualidad. No pocos actos administrativos son sentenciados cada día como arbitrarios o afectados de ilegalidades notorias, sin que de ello derive ninguna responsabilidad penal. Estos actos, conocidos por los jueces y magistrados contenciosos, son objeto de minucioso análisis técnico por expertos, por lo que el control jurisdiccional no solamente se produce con plenitud, sino que de él derivan consecuencias de índole práctica incuestionables, tanto en la realidad provocada por la infracción legal como sobre sus autores (en forma de procedimientos disciplinarios, acción de regreso, etc.). Nadie puede impedir que el moderno Derecho Penal amplíe su ámbito de actuación hacia espacios que provocan neta alarma social, pero sí que lo haga a costa de otros órdenes; y se debería conseguir que su castigo -de tan onerosas consecuencias, singularmente en este concreto delito- se aplique por quien cuenta con el adecuado grado de preparación para discernir, con solvencia y autoridad, sobre cuestiones de Derecho Administrativo.

Aceptando como dato de partida que el actual Derecho Penal ha criminalizado múltiples cuestiones del Derecho Administrativo, no parece lo más acertado ocultar que esos delitos, incluida la prevaricación, no son tampoco cuestiones apreciables *icto oculi*, sino habitualmente problemáticas para cualquier jurista no versado en Derecho Administrativo. En este caso, además, se agrava el asunto si de esa valoración jurídica realizada por penalistas sobre materia administrativa se deriva nada menos que la correcta calificación de una culpabilidad o inocencia que lleva implícito todo un castigo de privación de libertad.

Cuando el juez penal enjuicia los elementos de la prevaricación, lo hace con criterios y valoraciones sujetas al Derecho Administrativo. Por eso, la solución legal, además de la lógica (incluso para el propio juzgador, en términos de seguridad en su decisión), pasa por someter estos temas a la prejudicialidad devolutiva, fórmula procesal clásica que faculta el examen contencioso antes del pronunciamiento penal. Esta vía continúa siendo la adecuada para resolver sobre la acción prevaricadora desde la óptica penal y administrativa al mismo tiempo, porque de lo que aquí se trata es de favorecer la intervención punitiva con fundamentos sólidos que permitan su mejor aplicación, valorando la trascendencia de su alta función jurisdiccional y las capacidades correctivas tan singulares y excepcionales con que cuenta.

De lo contrario, seguiremos asistiendo al creciente procesamiento penal de prácticas administrativas, con su paralelo estrépito mediático, sin contar con el completo dominio del derecho real en juego. O, lo que es lo mismo, admitiendo que un nativo español converse en inglés sobre asuntos decisivos cuando dispone de un nativo inglés a su lado, valga el símil.

21.- A PROPÓSITO DE LA CERTIDUMBRE DEL DERECHO (*La Nueva España*, 2 de octubre de 2015).

Que haya certeza en la respuesta del derecho, y que esta sea igual para todos, se conoce en términos técnicos como seguridad jurídica. Ello demanda del legislador que persiga la claridad, procurando que operadores y ciudadanos sepan a qué atenerse, impidiendo situaciones confusas. La seguridad jurídica ha de promover, por tanto, la certidumbre respecto de qué es o no derecho, pero nunca *"provocar juegos y relaciones entre normas como consecuencia de las cuales se introducen perplejidades difícilmente salvables respecto a la previsibilidad de cuál sea el derecho aplicable, cuáles las consecuencias derivadas de las normas vigentes, incluso cuáles sean éstas"*, como con acierto tiene declarado el Tribunal Constitucional en su sentencia 46/1990.

No pocos problemas derivados de la incertidumbre ante las soluciones jurídicas nacen de una defectuosa construcción legal. Sin normas que especifiquen o concreten al detalle su alcance y sus consecuencias regulatorias, el desenlace en derecho acostumbra a quedar al albur del puro decisionismo judicial, sistema no solamente ajeno a nuestra cultura, sino de problemático encaje con el imperio de la ley que rige en países como el nuestro.

Comidillas profesionales al margen, existen estudios que apuntan a juzgadores más o menos proclives en sus sentencias a una u otra aplicación de la ley, en muy diversos ámbitos (jueces más o menos blandos en el orden penal; más o menos favorables a las Administraciones en el Contencioso; más o menos benévolos o contrarios al empresario o al trabajador en la jurisdicción social...). De igual modo, no es infrecuente que unos mismos hechos, sometidos a diferentes tribunales, puedan dar lugar a eventuales fallos contradictorios. Como tampoco lo es que una resolución judicial esperada a la luz de los hechos y del derecho, se torne en amarga sorpresa o justo lo contrario: que algo que de antemano se sabía de complicada viabilidad, prospera con igual extrañeza.

Con independencia de la capacidad de filtro que en estos asuntos pueda tener el sistema de recursos o de impugnaciones en segunda instancia, o del valor complementario de la jurisprudencia como unificadora de criterios, la clave reside aquí en fortalecer a la ley con herramientas capaces de lograr la objetividad en su aplicación, reduciendo en lo posible la subjetividad y garantizando su cumplimiento en el plano de la igualdad. Este gran desafío de siempre no contradice el principio de independencia de los jueces consagrado en el artículo 117,1 de la Constitución, sino que nos parece una importante derivada de la unidad de respuesta judicial a la que llama precisamente el número 3 del citado precepto.

Las normas, así, debieran de acometer a no tardar prudentes ajustes que permitan que conozcamos con mayor precisión el colofón previsible de todo litigio. Ello se logra, a nuestro juicio, profundizando en disposiciones generales que incluyan con superior detalle su contenido normativo material, incluyendo los mecanismos propios para su aplicación por quien tiene el deber de hacerlo. De igual modo, cabría reflexionar en reformas de calado que delimiten con minuciosidad la prueba en cada proceso, otorgando a uno u otro instrumento o medio probatorio uno u otro valor o peso a efectos judiciales. O, en fin, que se refuerce el régimen de acumulaciones de los pleitos, para que al menos se resuelvan a través de una sola voz, evitando esas lamentables disparidades que tanto desprestigio social provocan al derecho.

No se deduce de lo anterior, como es natural, que la tarea jurisdiccional deba entregarse a partir de ahora a una suerte de automatismo impropio de su trascendental función en nuestro Estado del Derecho, sino de que se concilie más de lo que hoy sucede con los principios de seguridad jurídica, legalidad e igualdad; porque todos, además de quien decide, tenemos derecho a conocer la previsible respuesta en derecho antes de que esta se produzca, lo que además puede contribuir a paliar tanta ansiedad anticipatoria o desasosiego padecido por profesionales y ciudadanos ante la incertidumbre judicial.

22.- POPULISMO Y MARCO CONSTITUCIONAL (*ABC*, 28 de octubre de 2014).

Sin florituras, ni alardes ni altanerías, estamos consiguiendo poco a poco sortear una de las más profundas depresiones económicas que hemos padecido en nuestra historia reciente. La madurez y la reciedumbre colectivas están siendo las fórmulas de este éxito, que sorprende una vez más al mundo, como en su día lo fueron los grandes descubrimientos protagonizados por nuestros ilustres antepasados o lo son ahora los triunfos de nuestros deportistas de élite.

En la intimidad del hogar, con discreción, nos hemos ajustado los cinturones, o hemos ayudado al familiar o conocido que las está pasando canutas. La inmensa mayoría estamos atravesando la tormenta aguardando a que escampe, con la esperanza puesta en los nuevos tiempos y sacando enseñanzas de lo vivido. Todos, en mayor o menor medida, hemos criticado, matizado o censurado esta o aquella decisión del Gobierno, pero la hemos acatado por dura que pudiera resultar para nuestros bolsillos. Creo que a eso se le llama ahora resiliencia o algo así. La solidaridad ha servido y sirve aún como útil resorte social, y en este aspecto la Iglesia católica está desarrollando un extraordinario papel digno de subrayarse en tiempos tan complicados.

Este comportamiento maduro contrasta, sin embargo, con quienes intentan aprovechar la coyuntura para llevarnos al pozo a lomos de ideologías populistas y demagógicas que el tiempo se ha encargado de desvelar como ineficientes, injustas y, en no pocos casos, sanguinarias allí donde han tenido la desgracia de aplicarse. Estas corrientes adolescentes no nos hablan de soluciones, hic et nunc, a los graves retos que tenemos por delante en una situación tan compleja y cambiante como la actual, sino de lugares comunes trufados de un imaginario naíf y bucólico, en el que la estética capilar cobra cada vez más neto protagonismo.

De lo que se ocupan en el fondo las insensatas propuestas de estos nuevos gurúes es de provocar un vuelco radical del sistema constitucional, algo de difícil encaje con el régimen que nos ha permitido disfrutar de los mayores años de prosperidad en nuestra historia contemporánea. Como dejó sentado la Sentencia Constitucional 48/2003, sobre la vigente ley de partidos, el sometimiento de todas las formaciones políticas a los principios democráticos no puede limitarse, en nuestro ordenamiento, al respeto meramente formal o aparente del orden que se desprende del entramado institucional y normativo de la Constitución, sino de la adhesión a su principal derivada: la estricta observancia de *"un sistema de poderes, derechos y equilibrios sobre el que toma cuerpo una variable del modelo democrático que es la que propiamente la Constitución asume al constituir a España en un Estado social y democrático de Derecho".*

En esta misma decisión, salida de la impecable pluma del llorado maestro don Manuel Jiménez de Parga, se recordaba también que el artículo 6 de nuestra Carta Magna contiene una configuración constitucional de los partidos según la cual, para merecer la condición de tal, *"ha de poder ser expresión del pluralismo político y, por lo tanto, no es constitucionalmente rechazable que un partido que con su actuación ataca al pluralismo, poniendo en peligro total o parcialmente la subsistencia del orden democrático, incurra en causa de disolución"*. Algo que no es sino la traslación a España de la doctrina del Tribunal Europeo de Derechos Humanos, que considera conforme a derecho ilegalizar formaciones cuando se ponga en peligro por una determinada opción el pluralismo de las ideas y los partidos, inherente a la democracia, y del resto del sistema constitucional básico, pretendiendo, desde el sistema, acabar con él al imponer otro modelo diferente (así, STEDH, de 31 de julio de 2001, caso Refah Partisi -Partido de la Prosperidad- contra Turquía, como muestra).

Como se puede advertir, en la contienda política no todo vale. Y, al igual que sucede en otras naciones europeas con sólido régimen constitucional, los partidos deben proponer ideas y programas a partir de la aceptación de las libertades y los derechos, económicos y sociales, que vienen determinados por los principios constitucionales, interpretados por los tribunales encargados de su recta aplicación.

No hacerlo así es arriesgarse a quedarse fuera de la ley, además de estarlo de la razón y de la más elemental prudencia.

23.- CONSENSO CONSTITUCIONAL Y RIGOR TÉCNICO
(Diarios de *Editorial Prensa Ibérica*, 9 de septiembre de 2011).

Si las Constituciones son, conforme a la célebre figura de Hayek, una suerte de ataduras que las sociedades se imponen cuando están sobrias ante la eventualidad de caer en ebriedad, mal resulta conformar marcos constitucionales desde la coyuntura y el apresuramiento. Con independencia de la idoneidad desde la óptica política de consensos entre las principales fuerzas parlamentarias, en el terreno jurídico cuesta aplaudir iniciativas legislativas alejadas del necesario grado de profundidad e idoneidad técnica. Sin duda, la reciente iniciativa de reforma del artículo 135 de nuestra Constitución se ha fraguado en un ambiente no precisamente propicio para tal sosiego.

Los embates del mercado financiero internacional del pasado agosto, junto con la presión de nuestros socios europeos, han dado al traste con una modificación de nuestra lex legum que no sólo colma ningún vacío (bastaría para ello retocar la Ley General de Estabilidad Presupuestaria, norma adaptada por cierto a las exigencias armonizadas comunitarias en la materia), sino que contradice los problemas que pretende combatir (¡permite elevar el techo de deuda ante situaciones de crisis extraordinarias como la que padecemos!), e incluso se ha llevado a cabo desde discutibles cauces procedimentales (los previstos para reformas simples o epidérmicas del texto constitucional, nunca para alteraciones de este calado que precisan del completo debate parlamentario y no de lectura única, como ha recordado la Sentencia Constitucional 103/2008, por todas).

Sostenía con sabiduría Gregorio Marañón que la rapidez es una virtud que conviene vigilar para evitar que devenga en un vicio, que es la prisa. Y esto es lo que ha podido haber acontecido en este caso, en el que se ha modificado nuestra norma fundamental sin el oportuno grado de rigor que merece por su alta función en nuestro ordenamiento. Además, como acabamos de advertir, si el propósito reformador ha consistido justamente en enviar a los mercados mensajes tranquilizadores de seria y segura contención del gasto público, ha de coincidirse que dicho propósito se desnaturaliza con la propia dicción del nuevo cuarto apartado del reformado artículo 135, conforme al cual *"los límites de déficit estructural y de volumen de deuda pública sólo podrán superarse en caso de catástrofes naturales, recesión económica o situaciones de emergencia extraordinaria que escapen al control del Estado y perjudiquen considerablemente la situación financiera o la sostenibilidad económica o social del Estado, apreciadas por la mayoría absoluta de los miembros del Congreso de los Diputados"*, que es precisamente lo que padecemos.

Así las cosas, y con la modificación constitucional, ya conocen los agentes financieros internacionales que el techo de deuda podrá ser en España superado mediante una mera decisión de las Cortes Generales, que a buen seguro trasladará a la postre al Tribunal Constitucional el grave y, si se me permite, disparatado dilema de controlar si, en el caso concreto, el techo de deuda aprobado por el Congreso se debía o no a situaciones graves económicas, algo que escapa por completo a la función de dicha alta magistratura, que no consiste en meterse en camisas de once varas macroeconómicas, de las que nada sabe ni tiene capacidad de saber, sino de resolver conforme a criterios jurídicos constitucionales aquellos asuntos que se le eleven a su enjuiciamiento. Como se verá, en buena medida hemos cambiado para seguir igual, y con el agravante, además, de haber procedido a intervenir sobre nuestra norma de normas no precisamente con la delicadeza de cirujano, sino con modos y maneras apresuradas en fondo y forma, algo que sin duda puede transmitir al contexto financiero internacional una imagen contraria al sosiego y tranquilidad que tanto se requiere para atajar los súbitos pánicos que padecemos a resultas de esta grave crisis económica. Bienvenidos los consensos, pero bienvenidas también las cosas bien hechas.

24.- A PROPÓSITO DE LA SENTENCIA DEL ESTATUTO DE CATALUÑA (Diarios de *Editorial Prensa Ibérica*, 2 de julio de 2010).

El fallo de la sentencia del Tribunal Constitucional sobre la reforma del Estatuto de Autonomía de Cataluña, inaugura, según creemos, un panorama complejo al bautizado en su día por el propio intérprete constitucional como Estado compuesto.

Con independencia de la infracción por el tribunal sentenciador de su propia normativa reguladora en lo tocante al plazo para dictar resolución (de treinta días y no de cuatro largos años habla su ley orgánica), o incluso de la anómala manera de hacerla pública, con traslado a las partes sólo del fallo en lugar de la sentencia en su integridad, como obligan las reglas de las leyes rituarias generales por establecerlo así la propia ley del Tribunal Constitucional; sin perjuicio, decimos, de todas estas cuestiones formales que tan poco contribuyen, por cierto, a rescatar del descrédito a este trascendental órgano del Estado, la decisión constitucional es posible que suscite de ahora en adelante más problemas que los que ha tratado, infructuosamente, de resolver.

Para empezar, y sin necesidad de conocer el texto completo de la sentencia, puede colegirse que el tribunal ha declarado contrarias a la Constitución las menciones sobre la nación catalana del Preámbulo del Estatuto examinado, pero ello se ha hecho desde un miramiento y con una cautela tan sofisticadas que cuestan admitirse en términos jurídicos, al haberse declarado que tales referencias *"carecen de eficacia jurídica interpretativa"* del texto recurrido, cuando es llano que los impugnantes no habían pretendido del Tribunal una declaración de ese porte cuasi lírico, sino la constitucionalidad o inconstitucionalidad de tales locuciones. Además, reténgase que el texto donde figuran las expresiones *"Cataluña como nación"* y *"la realidad nacional de Cataluña"*, es de inequívoco cariz jurídico, siendo conocido por cualquier jurista el valor exegético que albergan desde siempre las exposiciones de motivos de las normas.

Así las cosas, el ardid utilizado para evitar la declaración de inconstitucionalidad de los términos citados se asemeja a la actuación de un forense al que, en lugar de certificar la muerte de alguien, le da por consignar que este *"ha pasado a mejor vida"*, valga el símil. Todo parece indicar, pues, que el tribunal se ha cuidado mucho, por eventuales motivos extrajurídicos, de zanjar el grave debate sobre la unidad española que subyace en esta cuestión y que nos lleva acompañando inmisericordemente desde hace décadas, y en su lugar ha optado por considerar las frases implicadas sin contenido jurídico, para eludir, insistimos, una obvia declaración de inconstitucionalidad que se infiere sin mayores esfuerzos del fallo pronunciado.

En punto a los catorce preceptos estatutarios alcanzados de inconstitucionalidad, igualmente causa extrañeza que apenas afecte a determinadas expresiones, y no al artículo entero. Eliminándose de dichas normas los enunciados declarados inconstitucionales, carecen de sentido o resultan vaciadas de contenido dispositivo, por lo que la razón de esta sutileza del tribunal quizá deba de nuevo encontrarse en la intención de evitar suspicacias y de contentar a todas las partes implicadas declarando contrario a la Constitución un solo precepto, el 97 del Estatuto, cuando los restantes trece igualmente resultan aquejados en su integridad, se proclame así o no por el tribunal.

En fin, la treintena de artículos a los que la sentencia pretende acomodar forzadamente a la horma de su fundamentación, una vez que ésta se haga pública, nos parece que puede abrir la espita a un incremento futuro de la litigiosidad constitucional de estas materias, toda vez que cada desarrollo normativo que se lleve a cabo, no sólo en Cataluña, sino también en aquellas otras comunidades que han resuelto en sus estatutos hacer suyos los niveles de autogobierno catalanes, habrá de superar el tamiz de dicha interpretación y seguirse al estilo del prospecto de medicamento, y ya se puede aventurar que los esperados fundamentos de contraste no resultarán precisamente un templo a la claridad, puesto que de otro modo el tribunal hubiera declarado la constitucionalidad o inconstitucionalidad de dichos preceptos en términos manifiestos y definitivos.

En suma, ha sido una lástima que la demora del proceso no haya desembocado en una mejor respuesta del intérprete constitucional, órgano que ha dado hasta el momento muestras de su buen saber hacer en la defensa de la Ley de Leyes, pero que en este delicado asunto ha revelado su incapacidad para saber protegerse de influencias ajenas que trastoquen sus decisiones.

25.- FRENTE AL POPULISMO (Diarios de *Editorial Prensa Ibérica*, 21 de septiembre de 2014).

La sola mención de programa electoral evoca desconfianza y hastío. Sea por su frecuente incumplimiento por las formaciones políticas, o por su contenido teórico tantas veces alejado de las realidades ciudadanas, la sensación extendida es que da igual lo que prevea un plan de gobierno, porque es seguro que se sorteará de alcanzarse el poder. Esto, como es natural, socava las bases de cualquier democracia seria y profundiza en la creciente desafección hacia la gestión pública, al dejarla en manos de la improvisación o del rumbo sin destino fijo.

Sin una generosa oferta de programas cabales, o sin el compromiso de su efectiva ejecución, no es responsable el ejercicio del derecho al sufragio, salvo que consideremos a este como un remedo del voto en concursos televisivos o certámenes musicales. Es más: el contrato que liga a una opción determinada con su electorado es precisamente lo que ha diseñado y ha garantizado hacer cuando gane las elecciones. Por eso, tan importante como la elaboración misma del programa (dirigido a contribuir sensatamente a una mejora de la sociedad en sus múltiples ámbitos), es la firme decisión de llevarlo al terreno de los hechos, porque si estas dos cosas no suceden, la democracia misma corre patente riesgo de desvirtuarse y perder su sentido y esencia.

Cierto que los cada vez más cambiantes escenarios sociales o el descubrimiento de nuevas informaciones de las que no se disponía al momento de redacción de un proyecto electoral requieren en ocasiones su adaptación tras unos comicios. Pero ello no puede ni debe significar la contradicción con los postulados programáticos iniciales, porque si ello ocurre, un elemental proceder democrático aconsejaría convocar de inmediato a la ciudadanía a elecciones, a fin de proponer un determinado cambio de estrategia que se ajuste a las circunstancias o para elegir a aquella otra alternativa que ofrezca mejores soluciones, penalizando a quien, por falta de previsión o candorosa ignorancia, haya podido confeccionar un programa sin contar con todos los datos disponibles a su alcance.

El creciente desapego social hacia la representación política tiene en este tema, me parece, uno de sus ejes cardinales. Hay otros, como el propio sistema electoral, que algunos seguimos estimando que acaso debiera reconducirse hacia las fórmulas más antiguas del planeta, como la británica (sistema mayoritario y circunscripciones reducidas, en las que electores y elegidos se conozcan en primera persona). Con todo, sin un esfuerzo sereno consistente en elaborar con seriedad y rigor un programa de gobierno creíble, ejecutable y solvente, de futuro, y una decidida disposición de llevarlo a la práctica, nuestra democracia puede continuar deslizándose por la peligrosa pendiente del descrédito.

Llevado por la curiosidad, fechas atrás me detuve en consultar el programa de una emergente formación política. Adelanto que lo hice sin ningún prejuicio ni idea preconcebida, con estricto espíritu de inquietud y estudio reposado. Lo que he visto que plantean, aunque se disfrace de modernidad, es algo conocido, ensayado históricamente y con fracaso contrastado allí donde se ha aplicado. Pero lo que me gustaría destacar ahora no es esto, sino que sus promotores cimentan buena parte de su fuerza electoral en la obstinada determinación en ejecutar de forma completa ese imposible programa, tanto desde el prisma económico como social o jurídico. Ante esta tesitura, llevarán razón si piensan conmigo que siempre será preferible desoír un programa electoral sensato que cumplir otro disparatado.

No obstante, la salida a este colosal reto creo que puede pasar por la preparación y estricta observancia de los planes de gobierno como lo haría cualquier persona, familia o empresa: partiendo de la información más completa disponible, dejándose aconsejar por expertos, consultando a los afectados, incorporando experiencias internacionales de provecho y, sobre todo, comprometiéndose de verdad en su veraz realización, dejando espacio para otras realidades políticas. No sería tampoco descabellado que existiera incluso algún mecanismo jurídico que obligara a ello, ahora que estamos en tiempos tan propicios para legislar sobre la transparencia, el buen gobierno y la regeneración democrática. Los ciudadanos reclamamos que se cumpla lo que votamos y a ello debiéramos aplicarnos como sociedad madura que somos.

La otra alternativa consiste en seguir exponiéndose a que, fruto de la inconsistente confección de los programas o su deliberada función como papel mojado en nuestra democracia contemporánea -algo en buena medida generalizado en todos los partidos tradicionales-, se acaben imponiendo ideas y diseños irrealizables o insensatos que nos conduzcan al abismo y al callejón sin salida.

Programa, programa, programa, se insistía en los noventa. Buen programa, buen programa, buen programa, cabrá decir hoy. Y cumplimiento, cumplimiento, cumplimiento, pedimos todos.

Ese es el desafío que tenemos por delante frente al populismo.

26.- BUENISMO (Diarios de *Editorial Prensa Ibérica*, 14 de abril de 2016).

Se conoce por buenismo al modo de abordar los problemas sin resolverlos y preferir la forma al fondo. Se ha extendido mucho esta corriente, y no solamente en el ámbito político. Todos sabemos de personas que lo fían todo a un hablar susurrante o a palabrería fina que encubre propósitos infames. En el ámbito profesional, esta manera de actuar se traduce muchas veces en la búsqueda de decisiones que persiguen ante todo una buena imagen, aunque los asuntos continúen inexplorados o se penalice cualquier intento de solución sensata, en especial cuando no garantiza el completo éxito.

El buenismo encuentra en el lenguaje políticamente correcto un inmejorable vehículo para su expansión. En esta jerga, está proscrita cualquier alusión a cuestiones negativas, aunque existan y deban necesariamente enfrentarse. Para el buenismo, no existe el mal y, de existir, resulta desaconsejable cualquier tipo de corrección, porque lo que prima aquí es la realidad naïf y nunca la del responsable que trata de hacer las cosas como se debe, quien se convierte en este contexto en pieza de caza mayor, curiosa contradicción de este actual método de pensar y actuar, que nunca tiene reparos en dejar de lado el buenismo frente a quienes lo amenazan.

Una interpretación populista y superficial del cristianismo, unido a un pensamiento único de componente esencialmente comercial o de apariencia, convierten al buenismo en delicado trastorno de nuestras sociedades, con creciente presencia en todos los terrenos. Desde temprana edad escolar, se enseña a nuestros niños a progresar adecuadamente aunque no se superen unos mínimos objetivos, y la ausencia de normatividad en la familia o en la calle es observada como manifestación genuina de una pésima educación, lo que conduce con el paso de los años a largas listas de espera en los centros de salud mental o al desabastecimiento de medicación para los trastornos de comportamiento. En el ámbito público, el buenismo se identifica con proponer lo que se quiere escuchar, nunca lo que procede hacer. En esconder la intención que se pretende con ropaje de ingenuidad cool o moderna. En hablar siempre del presente, olvidando que hoy es ayer y que mañana llega en horas. En manifestar obviedades como si fueran relevantes axiomas y en informar de océanos que llevan siglos descubiertos.

Claro que el sentimiento optimista es una de las más poderosas claves de nuestra existencia y entorno social. Pero acostumbra a alimentarse de realismo, sensatez y responsabilidad, un cóctel del que siempre sale lo bueno, algo tan alejado del buenismo.

Lo que se salga de ahí, como supervisar o escrutar nubes, está también muy bien, pero es mejor limitarlo al fin de semana.

27.- LA CORRUPCIÓN Y SUS ANTÍDOTOS (*La Vanguardia*, 17 de septiembre de 2013).

Mientras aguardamos a que las nuevas generaciones se empapen de valores éticos que erradiquen al cleptócrata, hemos de idear herramientas útiles para atajarlos hic et nunc. La corrupción es, en buena medida, consecuencia del déficit educativo y moral que padecemos en las naciones que hemos descuidado la enseñanza convirtiéndola en un simple campo de batalla político. Con personas formadas e informadas, ni se permitiría la corrupción ni se toleraría socialmente, como hoy sucede en donde ya ha intervenido la justicia y pese a ello el electorado sigue apoyando a los condenados. Pero esa recuperación educativa intensa –que urge, por este y otros motivos– precisa de décadas, así que no queda más remedio que adelantar algunas claves que permitan sobrevivir al constante estrépito provocado por la llamada delincuencia política.

Con independencia de lo bienintencionado de la ley de Transparencia para evitar la opacidad que acostumbra a rodear la corrupción, acaso no estamos subrayando la indispensable tarea de control por los altos funcionarios administrativos. Estos empleados públicos, debidamente incorporados a sus cuerpos y escalas a través de los oportunos procesos selectivos, son y deberán seguir siendo los principales responsables de que las tentaciones corruptas no se perpetren. Y, para ello, las normas deberán blindarlos, tipificando si es el caso las presiones que tantas veces padecen en su labor cotidiana por quienes aún anhelan el reparto del botín tras la victoria electoral.

Un corrupto rara vez puede consumar su delito en soledad. Acostumbra a requerir la colaboración, por acción u omisión, de otros, singularmente de los encargados de la supervisión jurídica o económica de las instituciones. Pero si estos agentes públicos disponen de instrumentos eficaces para evitar o denunciar el abuso del político de turno y se saben además protegidos efectivamente en su esfera personal de repercusiones de cualquier género que puedan padecer (traslados forzosos, penalidades de muy diverso tipo, ascensos frustrados…), entonces contaríamos con un poderoso antídoto contra los aficionados a saquear lo ajeno.

Reforcemos, en fin, la función de quienes deben controlar el rigor en las cosas públicas, dotándolos de capacidades legales que les permitan ejercer su quehacer en defensa de lo que es de todos.

28.- LA UNIVERSIDAD FUTURA (*Expansión*, 5 de noviembre de 2013).

No he conocido a ningún empleador que contrate cerebros. Más bien creo que la mayoría buscan a personas con criterio, capaces de responder a los retos diarios, a partir de los conocimientos profesionales que han venido adquiriendo en su proceso formativo. En buena medida, nuestro modelo educativo ha focalizado en los distintos saberes técnicos o científicos su función, postergando la preparación humana de los estudiantes, el fortalecimiento de sus actitudes ante la vida. En especial en la universidad, todo aquello que no constituya materia de estudio objetivo, especializado en cada una de las disciplinas, continúa siendo tildado por algunos de poco académico, contradiciendo de ese modo el propio espíritu fundacional de estas casas superiores de estudios, conforme al cual *"los escolares sosegados en sus posadas, se han de empeñar en estudiar e aprender e facer vida honesta e buena, que los Estudios para eso fueron establecidos"* (Partidas de Alfonso X, partida II, título XXXI).

La misión de la universidad es la de preparar a personas con sólidos conocimientos, pero también de dotarlas de herramientas que les permitan desarrollar un papel preponderante en la sociedad. Ambos aspectos, capacitación científica o técnica y formación integral, han de constituir sus metas, ya que de lo contrario proseguiremos generando legiones de titulados que, como me acostumbraba a decir con sorna un viejo pariente, *"saben de todo para no saber nada"*.

Con independencia de que muchos de los estudios que se cultivan en la universidad son por esencia mudables y contingentes, y requieren por ello de una permanente actualización más allá de los muros de la academia, la obsesiva limitación de los programas docentes al dato, a la cifra o a la teoría, olvidando la enseñanza en valores, empobrece en alto grado su función y, por esa vía, favorece bien poco al tejido productivo de un país.

Puedo poner algún ejemplo de esto. En un proceso selectivo para dotar un puesto de trabajo de abogado júnior de una importante firma, se escogió a quien, de una terna de finalistas y sobre un único supuesto práctico, había comenzado y terminado su exposición manifestando sus dudas sobre su respuesta: *"Creo que la solución al caso es esta, pero no estoy seguro de ella, debería estudiarla con algo más de tiempo"*. En este gesto de humildad y honestidad, a mi modo de ver, se descubren unas cuantas virtudes cardinales. Y, desde luego, se comprueba una vez más que una actitud humana forjada en valores tiene, al margen de los aspectos morales, eficacia plena en el mundo práctico: un doble premio ético y económico.

De cuanto antecede se desprende que no es ni puede ser la universidad el sustituto de la familia en la colosal empresa consistente en convertir a un joven en un hombre o una mujer completa y brillante. Pero sí ha de contribuir a ese proceso de aprendizaje reforzando, junto a los conocimientos, las capacidades del universitario para ser autónomo, educado, solidario; para trabajar en equipo; para comprometerse por un ideal; para respetar al prójimo; para ver su trabajo como medio para ayudar a los demás; para tener mentalidad universal; para ser, en suma, una persona de criterio.

Para lograr estos ambiciosos propósitos las universidades deben contar con docentes que aspiren a ser ejemplares. El doctor-ejemplo es quien mejor puede guiar al estudiante en esa senda de mejora constante. De nada nos sirve creer en la formación integral del alumno si en clase entra quien ni es experto en la materia ni un dechado de virtudes. Por este motivo, el sistema de selección del profesorado debería profundizar no exclusivamente en capacidades científicas, sino, también, en actitudes y habilidades de transmisión de valores humanos. Contar con esta o con aquella acreditación docente o investigadora debería ser, pues, condición necesaria pero nunca suficiente para el acceso al profesorado universitario. No siempre logran superar esos procesos quienes cuentan con las condiciones mínimas para formar a personas.

Si las universidades no operan pronto este cambio de rumbo, quedarán aisladas del contexto social y económico, al resultar prescindibles. Los empleadores precisan de universitarios con criterio, no de chavales que se han limitado a sortear exámenes para lograr un título, un mero papel timbrado. Los operadores y el país necesitan a jóvenes emprendedores, que sepan resolver problemas por ellos mismos, que salgan al extranjero y experimenten las dificultades, que pisen aeropuertos y caminos rurales, que sean serios y solventes…, pero que todo eso lo hagan pertrechados de conocimientos de última generación y de una forma de vivir que tenga en cuenta a los demás y valore el trabajo bien hecho.

Si logramos este objetivo, habremos hecho cierta la conocida máxima según la cual *"una cosa es pasar por la universidad y otra bien distinta, que la universidad pase por uno"*.

29.- MUNICIPALISMO FRUSTRANTE (*La Nueva España*, 14 de marzo de 2008).

Corren tiempos poco propicios para el municipalismo. En pleno fragor del debate sobre el modelo territorial, en esencia traducido en una pugna entre más o menos Estado, la otrora llamada *tercera descentralización* en favor de los entes locales, defendida con tanto brío y aparato verbal hace apenas un par de años, ha quedado difuminada como por ensalmo. Poco ha quedado de aquellos ardores tan bienintencionados como ingenuos, acaso porque esta inacabable empresa que es España aún precisa de otras reformas de mayor calado.

Nuestros más de ocho mil municipios continúan, pues, donde y como los habíamos dejado: cargados de atribuciones y pobres de misericordia, encalados y pulcros por fuera, pero arruinados por dentro. Y no se nos diga que este o aquel municipio despilfarra a gusto, o que está endeudado hasta las cejas, porque estos casos, que existen y algunos muy próximos, no son en rigor extensibles a la mayoría. Como el viejo noble que no come caliente, las entidades locales siguen echándose migas en sus barbas para mantener una dignidad cada vez más forzada.

Los ayuntamientos, pues, continúan gestionando el diario devenir ciudadano, cuidando del padrón y el urbanismo, de los servicios y demás prestaciones, tirando de lo que tienen, de sus paupérrimos recursos, de una limosna autonómica fuertemente condicionada por la filiación política y, también, del producto obtenido de empeñar en el Monte de Piedad sus joyas urbanísticas más preciadas. Con todo, este actual rol municipal se compadece más bien poco con su fecundo pasado. Como ha ilustrado Leopoldo Tolivar Alas en su *Ayuntamientos, Registro Civil y municipalismo funerario*, los entes locales fueron en su día los depositarios primeros del Registro Civil tras la pérdida del monopolio registral eclesiástico nacido en buena medida tras la reforma tridentina. Esto es: se acaba de alumbrar de forma pionera hasta el mismísimo origen municipal del Registro, hoy ubicado como bien se sabe en el seno del poder judicial.

Pero incluso esta asunción de tareas registrales se vería pronto aquejada por el sempiterno atavismo que acompaña al poder local español. Como cuenta Tolivar, la debilidad de los ayuntamientos, carentes de medios y capacidad, supondría a no tardar la devolución de los Registros Civiles al ámbito estatal, quedando en manos locales otros archivos de indudable importancia, pero nunca parecidos al Registro Civil, como los inventarios de bienes, los catálogos urbanísticos o los padrones (hoy reverdecidos, por cierto, por las migraciones y las nuevas modalidades de filiación para familiares a las que el derecho debe dar adecuada salida).

Como puede advertirse, el municipalismo español siempre se las ha tenido que ver con una solemne atribución de cometidos en la fría y teórica dicción legal, y con un saldo operativo rayano a la vacuidad. Lo que refiere Tolivar sigue justo esa secuencia: el ideario liberal gaditano crea la institución del Registro Civil nada menos que para cumplir la libertad de cultos que consagra el nuevo régimen y de privar de efectos jurídicos a los libros parroquiales; luego la legislación confía dicho Registro a las secretarías de los ayuntamientos, y esa misma legislación retira pronto esa competencia por su deficiente seguimiento. Esta ecuación es la que aconteció también con la normativa urbanística de 1956, en la que la asunción de tareas a los ayuntamientos en forma de realización por éstos de sus planes de ordenación urbana supondría uno de los motivos del fracaso de esa venerable normativa del suelo, por cuanto dicho planeamiento fue llevado a cabo por una mínima parte de municipios. O como igualmente sucedió con la normativa de cementerios, creada por el mismo aliento liberal y secularizador que el Registro Civil, y que tampoco pudo cosechar demasiados éxitos en España (especialmente en el noroeste peninsular, en donde la existencia de camposantos de titularidad local es residual, sustituidos con carácter general por cementerios parroquiales, como remarca Sosa Wagner en su prólogo).

El sino municipal es, por ello, el de la frustración. Cuando ha tenido posibilidades de actuación, no ha podido desarrollarlas por sus patentes limitaciones, y cuando, como hoy ocurre, desea participar de la cosa pública con sus propios contornos y perfiles, para llenar así de contenido la garantía institucional de la autonomía local consagrada tan pomposamente en la Constitución, resulta que se abre de nuevo el melón de la forma de Estado, en donde ni una mísera raja se le reserva ni un prudente cuarto a espadas se le permite.

30.- ¿A LA TERCERA LA VENCIDA? (*Expansión*, 29 de septiembre de 2016).

De no cambiar el marco legal, es complicado que unos nuevos comicios puedan contribuir a desatascar el callejón sin salida en el que se ha convertido la gobernabilidad de España. Por ello, se hace preciso aprovechar la constitución de las cámaras para modificar la Constitución y extender la solución prevista de la elección de alcaldes en la ley electoral general a la presidencia del gobierno. Esta regla, recordémoslo, establece que si un candidato no obtiene la mayoría absoluta de los concejales, será proclamado alcalde aquél que encabece la lista que haya obtenido mayor número de votos populares en la correspondiente circunscripción. Esta reforma permitiría que por imperativo legal se solventara la situación que impide desde hace casi un año la configuración de un ejecutivo, introduciendo en el artículo 99, 5 de la Constitución el nombramiento automático de quien haya logrado más votos, en lugar de disolver las cortes.

Si malo es tener que volver a votar, peor sería hacerlo de nuevo para nada. Por eso, procede servirse del periodo de sesiones para tramitar esta limitada innovación que apunto, algo no solamente urgente dada la delicada coyuntura a la que hemos llegado, sino muy recomendable para terminar de una vez con este serio atolladero. Hemos procedido a reformas constitucionales en el reciente pasado en tiempo record, de modo que ningún inconveniente se puede aducir en contra.

Bien podría pensarse, no obstante, que las formaciones que se sientan hoy en el parlamento no estarían por la labor de apoyar este cambio, como tampoco lo han estado para lograr una investidura presidencial de dos signos políticos distintos. Quien así discurra, deberá explicarnos qué problema hay en que quien ha obtenido más votos populares pueda obtener la presidencia del gobierno, de no lograrse antes acuerdos parlamentarios entre las formaciones, que es lo que viene sucediendo desde diciembre de 2015. De igual modo, nos tendrá que explicar con detenimiento qué sucedería si esa candidatura contraria a esta propuesta de ajuste legal hubiera obtenido ese triunfo electoral en sufragios, aunque fuera por unos pocos votos. Y, finalmente, nos habría de razonar porqué lo que está pacíficamente previsto para el ámbito local no lo puede estar para el del Estado.

Como es natural, esta salida legislativa no sería necesaria de existir el correspondiente compromiso entre los diversos grupos parlamentarios a fin de permitir la elección de una u otra opción, en especial de los mayoritarios. Pero tal cosa no se ha dado, motivo por el cual no queda otra que valerse del período de sesiones para proceder a estos ajustes normativos que conviertan a unos eventuales nuevos comicios en los definitivos, posibilitando un gobierno que lidere los desafíos que tenemos por delante, pactando los asuntos que vayan surgiendo como siempre ha sucedido en el devenir democrático. Puede llegar a entenderse que no quieran unos u otros apoyarse para alcanzar el gobierno, pero no que los dos principales contendientes no quieran encontrar fórmulas que dejen solventar el problema.

Si esto no sucede así, estaremos buscando resultados distintos haciendo siempre lo mismo, algo poco recomendable a juicio de Einstein y de la más elemental razón.

31.- BROCHA GORDA (Diarios de *Editorial Prensa Ibérica*, 25 de septiembre de 2016).

Escasean los asuntos que se abordan hoy con pincel. No deja de crecer la tendencia de tratarlos, tanto en la conversación cotidiana como en los medios o entre los dirigentes de cualquier ámbito, a golpe de ideas preconcebidas y apresuradas y de sentencias tan equivocadas como inapelables. El empacho de información que facilita internet contribuye también a este estado de cosas, permitiendo que se sostengan formidables desvaríos aparentando relevantes axiomas.

Mucha desafección a la política surge también de este hartazgo hacia el brochazo. La dinámica izquierda-derecha, por ejemplo, se mantiene en las mismas consignas de hace cuarenta años, o de hace más de un siglo para los más jóvenes. Todo ha evolucionado, pero este tema sigue como lo habían dejado nuestros padres o abuelos.

Es lo mismo que unas u otras materias hayan sido asumidas por idearios opuestos. Haya sido la protección de medio ambiente aceptada por la derecha tradicional o lo sea hoy por la izquierda la defensa de una Administración pública cuyos cimientos datan del régimen anterior, ni unos ni otros hacen nada para actualizarse, aunque fuera tímidamente.

Estos insisten en impedir la formación de cualquier gobierno que no sea en el que participen. Aquellos lo pretenden conseguir apelando al voto popular y a la dificultad de alcanzar una mayoría parlamentaria. Pero ninguno de los contendientes ha valorado ni tan siquiera el uso del pincel para resolver este lío, único método que nos aseguraría una salida razonable.

"Si queremos que todo siga como está, es necesario que todo cambie", escribió Lampedusa en *"El Gatopardo"*. Con un marco legal como el que tenemos, resulta inviable cualquier esperanza en que unas nuevas elecciones permitan salir de este berenjenal. Si no se introduce en la Constitución un ligero

retoque que contemple que en caso de no obtenerse respaldo parlamentario será elegido automáticamente quien haya logrado más sufragios, como sucede en los comicios municipales, seguiremos metidos en este círculo vicioso el tiempo que sea necesario.

Esta fórmula, sencilla de plantear aprovechando la nueva constitución de las cámaras, permitiría que una tercera convocatoria electoral fuera la definitiva, asegurando por fin un gobierno. Y no se diga que ello no es posible por motivos formales o temporales, porque hemos afrontado reformas constitucionales exprés en los últimos años sin inconveniente alguno.

El pincel constitucional, pues, es el único que puede desplazar la brocha gorda en manos de los políticos. Querer asumir ese cambio equivale a admitir que el bisturí puede ayudar a resolver un dilema con múltiples efectos secundarios. Y no hacerlo es una nueva y monumental muestra irresponsabilidad, rayana en la insensatez.

La democracia representativa, organizada en torno a los partidos, no prima sobre la participativa, que se traduce en el voto popular en las urnas. No admitirlo así es desconocer la interpretación constitucional y la más elemental comprensión de nuestro sistema. Por eso, se impone trabajar en ese camino, ya que no existe otra alternativa, salvo para quienes todo esto les importa un bledo porque están a lo suyo: juegos florales y brochazos que hacen de la política algo irrelevante.

De tener que volver a votar, que por favor sea por última vez.

32.- HACIA DELANTE O HACIA ATRÁS (Diarios de *Editorial Prensa Ibérica*, 4 de octubre de 2016.

El clásico esquema de izquierda, derecha y centro tiene algo de mito crepuscular. La sociedad actual reclama nuevos escenarios. En lo sustancial, que es la creación de condiciones económicas que permitan implementar las restantes políticas, no existen ya fórmulas antagónicas en el contexto internacional. Los ensayos experimentados por los diferentes modelos han cosechado un patente desequilibrio en términos de pobreza y prosperidad: sabemos qué métodos hunden a los países en la miseria y cuáles no. Por descontado que no hemos dado aún con el sistema redentor de todos los males, pero sí conocemos cuáles ahondan en ellos.

Las estructuras institucionales se asientan también sobre este lenguaje universal, que funciona razonablemente pese a sus imperfecciones. Los prolongados años de paz y progreso que hemos disfrutado en Europa son tributarios de él. Tanto las políticas como las normas comunitarias que toca implementar son ejemplo de ese marco, en el que los espacios para otras opciones contradictorias en el campanario nacional son más bien exiguos.

Así las cosas, ¿qué es ser de derechas, de izquierdas o de centro en este nuevo contexto? Al margen de concepciones estéticas, del poderoso efecto de la tradición o del cómodo recurso a la extracción social en países donde se ha ido difuminando hasta hacerla desaparecer; aparte de estos clichés, poco fundamento queda para continuar hablando en esos rancios términos políticos, salvo para los hooligans militantes de cada bando, enardecidos por dirigentes de pacotilla o por líderes desaprensivos y botarates. La revolución francesa, con sus grandes aportaciones, queda ya demasiado lejana como para mantener esta división, tan reduccionista como caduca.

Más bien la tendencia a la que vamos es aquella que discrimine entre formaciones abiertas al futuro de las que no lo hagan, o entre las que defiendan los métodos de éxito de las que se empeñen en no hacerlo. En el fondo, el debate habrá de plantearse entre pragmatismo versus ideologías, toda vez que estas últimas están quedando cada vez más relegadas a hueras ensoñaciones, referencias cansinas al pasado y recetas tan abstractas como inaplicables.

Se advertirá que bajo este panorama descansan con frecuencia propuestas tecnocráticas. Ello es consecuencia, sin duda, de su mayor capacidad para resolver los más graves asuntos sociales o económicos en los que acostumbran a centrar su discurso las corrientes ideológicas imperantes. En realidad, hablamos de algo bien conocido en la historia del pensamiento, el de la mera actualización de la idea platónica de la sofocracia, por la que todo barco debiera ser guiado por quienes supieran más acerca de la navegación y del lugar de destino.

Ni izquierdas ni derechas: querer el mañana o no. Aprovechar el futuro o regodearse en el pasado. Pretender ir hacia delante o hacia atrás. Cuanto más demoremos en ese cambio de mentalidad, más tardaremos en solventar los temas que más nos preocupan.

Al igual que no hay más medicina que la que cura, no hay más ideología que la que resuelve los problemas sin crear otros, algo que se consigue en la mayoría de los terrenos a través de criterios técnicos.

Todo lo demás son pamplinas.

33.- SERVICIO, CON MAYÚSCULAS (*Habecu*, nº 35, julio de 2015).

La Madre Teresa de Calcuta acostumbraba a repetir, en precioso juego de palabras, que "*quien no vive para servir, no sirve para vivir*", frase al parecer de Tagore. La vocación de servicio se tiene o no se tiene. Si se tiene, desplaza a cualquier otro objetivo vital, incluida una vida más cómoda materialmente. Así sucede con muy diversos colectivos profesionales, que prefieren sacrificar un futuro desahogado o alejado de problemas, a desarrollarse en plenitud en la ayuda de los demás.

Dentro de estos grupos de personas, se encuentran las fuerzas y cuerpos de seguridad del Estado, y muy singularmente la Guardia Civil española. Nunca han estado a las maduras, sino a las duras: ellos han sido, por ejemplo, las principales víctimas del vil azote del terrorismo que durante demasiados años ha asolado España. En un país tan complejo como el nuestro, resulta difícil encontrar acuerdos o coincidencias como las que propicia el benemérito cuerpo, como revelan las encuestas de opinión.

Todos los Guardias Civiles que he conocido, alguno incluso en mi familia, han seguido el mismo patrón: cumplimiento discreto del deber, amor por España y modestia en las formas. Estos tres elementos componen, a mi juicio, los ejes que todos debiéramos seguir en nuestros cometidos diarios, sea cual sea nuestra profesión. En su quehacer, en especial en el ámbito rural o en la lucha frente a las calamidades naturales o las tragedias, la Guardia Civil viene desde su fundación dando muestras cotidianas de seriedad y solvencia, aplicando su impecable ideal de servicio sin ruido y sin recompensa, salvo la propia satisfacción del deber cumplido. Inclusive en el siempre delicado ámbito sancionador, la Guardia Civil acostumbra a desplegar su mejor hacer, de lo cual puedo dar testimonio como abogado que ha tenido que vérselas con expedientes de tráfico o ambientales que han contado con agentes del cuerpo como denunciantes. Como es obvio, pueden existir excepciones, pero quien sostenga algo distinto a lo que acabo de indicar, falta a la verdad. Es más: el planteable dilema sobre el carácter recaudatorio o no del marco sancionador al cuidado de la Guardia Civil es algo por definición ajeno al propio Cuerpo, al ser cuestión de política legislativa o ejecutiva que corresponde a los poderes del Estado.

Nunca olvidaré el impacto que me produjo toparme hace años en el recinto de los servicios consulares españoles en Lima con un oficial de la Guardia Civil uniformado. Representaba dignamente a una España a más de trece mil kilómetros de distancia y con un continente y un océano de por medio. Ese Guardia era para mí España y así lo sentían todos los que me acompañaban.

En el exterior, en el más minúsculo pueblo interior, en la montaña perdida, en la búsqueda de un desaparecido en el mar o el río, en la represión del delito..., cuando y donde se les necesita, siempre la Guardia Civil con su discreta presencia y su servicio generoso y esforzado.

Y que sea por muchos años.

B).- ECONOMÍA.

1.- ESTADO DEL BIENESTAR Y ESTADO DEL ESTAR (Diarios de *Editorial Prensa Ibérica*, 12 de septiembre de 2015).

Bienestar y malestar jalonan la vida. A situaciones gratas se suceden sufrimientos o períodos neutros, en los que apenas alcanzamos a detectar la ausencia de dolor. Como la noche y el día, el frío y el calor, el verano y el invierno, experimentamos momentos buenos y malos, siempre entreverados. Así, los triunfos acostumbran a ser consecuencia de tiempos de esfuerzo previo, de sacrificios que llevan aparejado algo poco deseable pero necesario. Determinadas dolencias preparan al cuerpo del niño para una salud más fortalecida. Una pena por cualquier motivo convierte una posterior satisfacción en algo mucho más intenso. Hay, incluso, quienes consideran el padecimiento con profundidad ascética. La felicidad, pues, convive con la infelicidad de forma invariable, y aunque constituya un anhelo natural de todo ser humano, no existe fórmula infalible que lo garantice permanentemente.

Si las sociedades son la suma de individualidades, parece razonable pensar que un modelo que trate de perpetuar el bienestar constituye una quimera en buena medida irrealizable. Desde la última gran guerra del pasado siglo, se ha venido acuñando el término ´Estado del bienestar´ para definir a las formas de gobierno dirigidas a garantizar a los ciudadanos un estándar determinado de prestaciones públicas que contribuyan a su mejor desenvolvimiento personal. Lo que podría estar acertadamente diseñado para aquellos delicados momentos, se ha tornado con el paso de los años en una creación que desborda cualquier escala, en la que hasta se confía que, por ley, las Administraciones provean nada menos que de felicidad a sus administrados.

Quizá por ello haya llegado la hora de reorientar el Estado del Bienestar hacia un Estado del Estar, valga el juego de palabras. Las principales medidas de fomento que han venido sirviendo para apuntalarlo (subvenciones y subsidios, significativamente), al prolongarse in aeternum, se han transformado en mecanismos de desincentivación de la autonomía personal, posibilitando que colectivos de ciudadanos sin real vulnerabilidad puedan buenamente desarrollar su vida a costa de los sudores fiscales de otros que han de resignarse a levantar la persiana a las seis de la mañana para poder conseguir el pan de cada día. Este estado de cosas ha generado que la deplorable desigualdad padecida hace un siglo entre empleadores y empleados, se reproduzca hoy entre empleados por cuenta propia y trabajadores por cuenta ajena, o entre aquellos y los afortunados guarecidos bajo algún paraguas público sin estar afectados por circunstancias verdaderamente impeditivas para poder ganarse la vida. Unos han de permanecer en el andamio pese a las inclemencias, enfermedades o adversidades diversas, y otros continúan disfrutando de cuantos beneficios y regalías blindados provee una Arcadia feliz sufragada por las fatigas del semejante.

El Estado del estar, en suma, debiera sin duda fortalecer la búsqueda del bienestar a través de la generación o diseño de condiciones óptimas para que cada individuo pueda alcanzarlo en su esfera de actividad, impidiendo estrategias que desanimen o disuadan al ciudadano de tan loable propósito. Las situaciones objetivas de necesidad y los colectivos vulnerables han de continuar siendo amparados socialmente, de forma impecable, pero haremos bien en hilar muy fino a la hora de definirlos, evitando que bajo tal cualidad se resguarden personas con estupenda disposición para adquirir por sus medios su propio bienestar o de lazarillos que el mismo sistema tolera, cuando no llanamente promueve.

En sociedades maduras, con apropiada formación educativa media, el verdadero progreso pasa por anticiparse y elegir aquellas fórmulas que mejor se adapten a las cambiantes situaciones, pero siempre tras un detenido, serio y riguroso análisis de las posibilidades reales existentes, valorando todas ellas en pos del bien común. Y ello incluye apostar también por decisiones que pueden resultar impopulares, en particular desde la perspectiva de quienes pretenden que todo cambie para que todo siga igual.

Estoy convencido de que sabremos discernir sensatamente entre quienes desean transitar hacia el Estado del estar o los que prefieren ahondar en las desigualdades sociales que llevan camino de instaurar el Estado del malestar.

2.- SILENCIO SOBRE LO QUE DE VERDAD IMPORTA (Diarios de *Editorial Prensa Ibérica*, 9 de marzo de 2016).

Pase que no contemos con parlamentarios como Castelar o Azaña. Vale que la vulgaridad en las formas y la inconsistencia en las ideas hayan arribado al Congreso. Pero lo que no parece perdonable es el olvido de lo fundamental: el debate sobre las medidas futuras que permitan la generación de riqueza y, por esa vía, de los recursos que se necesitan para sufragar, entre otras muchas cosas, el Estado Social en el que tanto se insiste. En su lugar, el espacio de las políticas lo ocupan hoy los políticos, enredados en adolescentes cálculos que, si no fuera porque hablamos de un asunto tan delicado que afecta a tantísimas personas, resultarían grotescos.

En vez de ilustrarnos sobre las estrategias que pueden servir para progresar en los distintos ámbitos, a partir de las experiencias internas y externas y del marco comunitario que venturosamente nos acoge, nuestros diputados insisten en ocuparse de cuestiones no ya ochenteras, sino decimonónicas, en un alarde de ligereza que supera ya cualquier límite. Algunos, incluso, fanfarronean sin modestia de una supuesta superioridad moral cimentada sobre los modelos que más penurias y más vulneración de los derechos humanos han originado allí donde han tenido la desgracia de aplicarse.

En el fondo, de este original estado de cosas lo que parece vislumbrarse es una sutil pugna de la libertad frente a la igualdad. La primera se mantiene a sí misma, aparte de proporcionar avances donde existe. La segunda, además de precisar de la libertad para mantenerse, ha de circunscribirse necesariamente a la creación de oportunidades similares a todos ciudadanos, a la aplicación de la ley y a la protección digna de los colectivos realmente vulnerables. El igualitarismo que hoy se predica, sin embargo, rebasa por completo esos tres ámbitos, presentándose como una marca blanca de los viejos sistemas que, en sus diversos grados, sumieron a medio planeta en la pobreza y en el subdesarrollo durante el siglo pasado.

Por descontado que el liberalismo admite correcciones. Pero ha de reconocerse que representa el punto de partida sobre el que operar retoques que permitan extender la prosperidad al mayor número de personas, magno objetivo que constituye un reto para este modelo, casi diría que el más importante. De no entenderse así, urge conocer la fórmula alternativa que se pueda oponer, y el detalle de sus propuestas para concebir una economía más productiva en una sociedad más floreciente. Dígannos, por favor, cómo se puede lograr ese propósito, y los ensayos que han llevado a cabo en el exterior y su saldo de eficiencia, pero dejando a un lado histrionismos y ocurrencias inmaduras.

Háblese, pues, de lo que de verdad importa, que es lo que toca hacer y no se hace.

3.- A PROPÓSITO DE LA BANCA (Diarios de *Editorial Prensa Ibérica*, 24 de agosto de 2016).

La falta de corrección a los excesos de la banca durante la crisis, ni advertidos ni atajados por la autoridad financiera, constituye uno de los pocos asuntos que compartimos los españoles. Coincidimos en que dichos abusos tolerados no solamente fueron aquí uno de los principales acelerantes de la depresión internacional, sino que no han sido aún del todo resueltos, pese al multimillonario rescate que hemos brindado al sector. Puede justificarse que en una sociedad tan bancarizada como la de 2007, era una temeridad intervenir cualquier entidad, aunque otras naciones lo hubieran hecho con corporaciones de relieve. Por aquél entonces, la penetración en el tejido socioeconómico de los productos crediticios era tan intensa -como consecuencia de las indebidas prácticas mal controladas por la Administración-, que no parecía lo más sensato dejar sin póliza de descuento a la tintorería de la esquina, por riesgo cierto de inmediata bajada de persiana. De haberse hecho eso, el país hubiera rondado el colapso.

Ahora bien, casi una década después, el escenario es otro bien distinto. La ingente deuda privada contraída en el pasado se va poco a poco saldando y hemos logrado aprender a vivir sin crédito, a pesar de las generosas ayudas públicas destinadas a ese mismo propósito, dicho sea de paso.

Con todo, persiste la idea, muy extendida, de que estas empresas han recibido un tratamiento poco acorde con su alta responsabilidad en la crisis, que a tantísimas personas se ha llevado por delante. Y que, lejos de hacerles responder por sus desmanes, hemos mirado para otro lado e incluso estamos permitiendo que vuelvan por sus pasos y retornen las llamadas telefónicas intempestivas ofreciendo dinero fácil que nos llevaron al pozo años atrás. Tal vez por ello el sistema deba reflexionar a fondo sobre lo sucedido para evitar nuevas recaídas. Y ello pasa, en este nuevo contexto sin tanta abundancia crediticia tóxica, por embridar la codicia financiera y situarla en umbrales prudentes, para impedir que se provoquen hundimientos económicos como el que hemos padecido y que incluso amenazan tantos años después a la propia banca, inmersa en una crisis grave y profunda.

Esto pasa también por incrementar los controles por parte de los reguladores, tanto europeos como nacionales. Se han operado notables avances en este terreno, a través de la reestructuración y recapitalización del sector o de otras obligaciones jurídicas de cuño comunitario, pero se hace preciso ahondar más en los procesos de supervisión de cada entidad, oficina a oficina, para comprobar que no se repetirán los atropellos del pasado, sancionando ejemplarmente en caso contrario.

A esto debe seguir también una nueva autorregulación del sector, que tiene que ser consciente de que en la sociedad actual suscita aún rechazo, precisamente por su culpabilidad en la crisis, de la que existe esa sensación generalizada de que se ha ido de rositas.

La discreción en las formas -hasta cuándo debemos seguir soportando que banqueros e incluso bancarios de poca monta tengan el descaro de recomendarnos a los demás por dónde hemos de ir o lo que tenemos que hacer- y la disponibilidad ante las urgentes necesidades sociales, algunas inaplazables, pueden ser algunas herramientas útiles para conjurar esos males, junto con el rigor en el cumplimiento de la ley, incluida la protección del consumidor.

Si no hay ética, que al menos haya ley, algo que desgraciadamente no sucedió demasiado en el inicio de la recesión. Podemos y quién sabe si debemos hacer borrón y cuenta nueva con la banca, máxime dada la delicada coyuntura que de nuevo atraviesa, pero lo que desde luego debemos hacer es atarla bien corta para impedir que nos la vuelva a organizar, exigiendo a las Administraciones la responsabilidad in vigilando que tanto le faltó cuando tan necesaria era.

4.- MARCAR TERRITORIO (Diarios de *Editorial Prensa Ibérica*, 28 de julio de 2016).

Detrás de los grandes temas de cualquier época se sitúa la necesidad de delimitar el terreno en el que desarrollar la vida. Los animales lo hacen orinando. Los humanos, a través del nacionalismo o el racismo. Como seres migrantes que hemos sido desde el primer parto de la *Eva mitocondrial* centroafricana, nuestra historia ha sido la de la búsqueda del sustento y bienestar allí donde se lograba encontrar. España es un ejemplo de esto, al estar mestizada profundamente por sus cuatro costados, e incluso en el exterior, con ocasión de la aventura americana. No hay nación del planeta que no haya experimentado la llegada o salida de unos u otros persiguiendo el progreso. Por infinidad de motivos (climáticos, económicos, sentimentales, familiares, bélicos...), hemos ido recorriendo el planeta y lo seguiremos haciendo, porque frente a ese proceso resultan imposibles los muros o las fronteras, por más que los propongan quienes, por cierto, son también descendientes de emigrantes.

En este contexto es en el que procede ubicar al *Brexit*, así como a los procesos independentistas europeos o a las tendencias populistas ultraconservadoras que, si nadie lo remedia, llevan camino de triunfar en Estados Unidos en noviembre.

En estos tres fenómenos, lo que está sobre el tapete es la defensa del territorio frente al foráneo. Lo que sucede es que el mundo actual es fruto de flujos migratorios intensos, y pocos pueden, salvo que construyan un imaginario de leyenda o reinventen la historia, enarbolar un origen que no proceda de diversas procedencias. De no haber contado con sangre nueva, los pueblos se hubieran convertido en meras tribus ensimismadas.

Todo esto ninguna relación guarda con la necesidad de salvaguardar las tradiciones y esencias de una determinada nación. Qué duda cabe que quien recala en un determinado país necesariamente ha de acomodarse a sus costumbres y formas de vida. Lo debe enriquecer con la cultura que traiga, pero sin imponerla. En Estados Unidos, múltiples comunidades de origen alemán celebran el *Oktoberfest* y las latinas sus célebres *Paradas* por el centro de las ciudades, sin que ello suponga adulteración alguna del sentimiento norteamericano.

El reto en estos dilemas consiste en integrar a quienes llegan en el sistema productivo y social, y en filtrar con detenimiento a quienes no lo hacen con espíritu constructivo, sino para hacer daño o constituirse en una amenaza. Respecto del primero, el Reino Unido es un ejemplo de inclusión de la población de sus antiguas colonias en la metrópoli, algo bien visible en sus calles. En Norteamérica, sus millones de inmigrantes sin papeles, si no delinquen, pueden terminar una carrera en una universidad pública, sacarse el carnet de conducir, alistarse en el ejército o cotizar a la seguridad social. Las naciones que aprovechan sabiamente las migraciones como oportunidades, no solamente se enriquecen, sino que se hacen más grandes. Y sobre la seguridad, indudablemente ha de reforzarse no solamente en fronteras sino a través de los sistemas de información de las autoridades de los distintos estados, permitiendo detectar a los indeseables, casa por casa si es preciso, para aplicarles el régimen jurídico que les impida acabar con las sociedades que generosamente les han acogido.

Todos hemos sido migrantes. Los peruanos que en los años de bonanza radicaban en España, han retornado a Lima y reciben allí a miles de jóvenes españoles que buscan trabajo. Es ley de vida, desde que hay vida.

Quien no vea esto como algo natural, carece del mínimo sentido común. O pretende volver a la caverna.

5.- CATEDRALES (Diarios de *Editorial Prensa Ibérica*, 2 de julio de 2016).

Pese a los adelantos espectaculares en arquitectura, seguimos fascinados por las catedrales. Atravesar el pórtico de cualquiera continúa provocando asombro. Una simple mirada hacia esas bóvedas de majestuosas proporciones, a sus insuperables retablos o vidrieras, estremece. El legado que nos han trasmitido las generaciones que han contribuido a estas monumentales construcciones, no tiene parangón en la historia. Y no hablo aquí de religión, precisamente.

Hoy contamos con muchos más conocimientos y recursos que en los tiempos en que se levantaron la mayor parte de las catedrales. Sin embargo, la obra humana no ha podido igualarlas, por más que se hayan ejecutado sofisticados rascacielos y otras edificaciones de singularidad. Somos más, pero no sé si mejores.

Nos faltan ideales y nos sobran ideologías. El proyecto común que supone erigir toda una catedral solamente es posible a través de aspiraciones de altura y del entusiasmo y perseverancia en su consecución. Nunca de visiones fragmentarias de la realidad. Hemos sido capaces de diseminar por España y Europa basílicas imponentes, por lo que sin duda lo podremos lograr de nuevo insistiendo en objetivos similares o superiores.

Tenemos que saber afrontar estos colosales retos como lo hicieron en su día el maestro Mateo y sus discípulos. Y abordarlos con ambición y renovada pasión. No puede ser que sigamos enredados en miopes porfías de consumo inmediato, como las que desafían nuestra paciencia desde hace ya casi un año. La mirada larga debe imponerse y hacernos repensar la forma de encarar el futuro hacia esos objetivos magnos, con la audacia que nos es tan característica y que nos ha llevado a dominar lejanos océanos. En Estados Unidos lo han sabido hacer con muchísimo menos, cimentando un imperio a partir del dibujo de un ratón con las orejas gigantes.

Retornan, de nuevo, los tiempos de alzar catedrales. De perseguir metas grandes, aquellas que verdaderamente merecen la pena. De creer con ilusión en nuestras inmensas capacidades para deslumbrar otra vez al mundo. De demostrar, en fin, que es posible recorrer nuevamente los horizontes, por lejanos que parezcan. De trazar las líneas maestras que hagan de nuestros países unos lugares magníficos para vivir y en los que se transforman los problemas en soluciones, en oportunidades. Esa manera de hacer y pensar, además, siempre ayuda a solventar las pequeñas empresas, de modo que sigue siendo la fórmula más sensata que se ha podido idear.

De lo contrario, seguiremos anclados un día tras otro en el mismo bucle cansino y dando vueltas y más vueltas a la rueda del hámster, hasta que se agote la maquinaria o tengamos que reconstruirlo todo desde el principio.

6.- ELOGIO DEL SISTEMA (*Expansión*, 12 de abril de 2016).

En Europa hemos aprendido a sobrevivir sin gobiernos, gracias al derecho y a las instituciones públicas. Por descontado que un poder ejecutivo con conveniente respaldo legislativo puede dotar del necesario impulso o liderazgo a aquellos asuntos que precisen mejora. Pero el ordenamiento jurídico y su estructura de aplicación –las administraciones garantes y los restantes poderes del Estado– permiten que los servicios y la vida ciudadana prosigan funcionando razonablemente. Esto se hace bien visible en aquellos lugares en los que la dinámica política es inestable de forma prolongada, dificultando la constitución de gabinetes. La experiencia nos enseña que pueden continuar en esa situación, sin que se susciten en la economía o en la sociedad problemas añadidos, tal y como ha sucedido en la nación que alberga a los propios organismos comunitarios, en la que durante año y medio avanzaron todos los índices. También en España hemos experimentado situaciones en las que el caos político continuado convive con un normal desenvolvimiento colectivo.

En tiempos tan proclives a la radicalidad y al cambio por el cambio, conviene subrayar que ese tan censurado barco institucional y jurídico navega incluso sin patrón. Y que, pese a requerir siempre de ajustes para su adaptación a las nuevas realidades, no parecen existir modelos alternativos que lo superen en sensatez, solidez y equilibrio, por más que se insista en lo contrario a golpe de superficialidad, intemperancia y vana logomaquia. Este marco legal y organizativo del que nos hemos dotado en las naciones europeas, además, es el que nos ha permitido alcanzar en el continente las mayores y más prolongadas cotas de prosperidad. Aunque solamente fuera por este motivo, es de justicia situarlo entre los grandes logros contemporáneos. Su tupida red de principios e instrumentos, a su vez, ha posibilitado un generoso espacio de libertades individuales y colectivas sin parangón en nuestra historia, en el que incluso quienes defienden modelos extremadamente antagónicos lo pueden hacer sin el menor menoscabo.

Un futuro al margen del marco comunitario, pues, ni constituye una opción posible ni tampoco una alternativa sensata, al no existir modelos similares en el contexto internacional que cuenten con tan elevado grado de eficiencia. Inclusive hablando en términos sociales, la estructura jurídica de la Unión es la que ha impulsado más avances, en comparación con las fórmulas internacionales en que se basan las propuestas de formaciones políticas emergentes. Con independencia de la consideración de la política económica como la mejor política social, Europa y su derecho han generado las condiciones más óptimas en ese importante terreno.

Sin duda, todo ese armazón normativo extendido en las naciones europeas es una de nuestras más colosales construcciones de todos los tiempos, acaso equiparable al derecho romano, un magno hito en la evolución de la civilización occidental cuyas prudentes soluciones se extienden ya por los diferentes rincones del planeta. Un somero repaso por las distintas zonas de la tierra nos permite divisar instrumentos legales de genuina creación europea, una expansión acaso parangonable a la operada en su día por la cultura del contrato.

Sigamos, en fin, consolidando ese extraordinario sistema, operando en él los avances que hagan falta para robustecerlo y poder proseguir con él como el soporte más eficaz disponible ante los desafíos futuros. No hacerlo así, y abandonarlo a su suerte o acabar con él, constituiría la mayor de las temeridades.

Como es obvio, mientras existan dilemas a resolver, habremos de dedicar todos los esfuerzos para su resolución. Pero orillar el modelo que nos ha permitido llegar a la cima que hemos al alcanzado, y pretender sustituirlo en sus cimientos, supone incurrir en un adanismo insuperable rayando en la burda insensatez.

7.- OPORTUNIDAD DESDE LA ADVERSIDAD (*ABC*, 6 de junio de 2013).

Ni la crisis va a perpetuarse sine die, ni parece prudente aguardar a su final sin acometer reformas sustantivas. Lo que en este contexto mejoremos, y cómo lo hagamos, sin duda contribuirá a nuestro fortalecimiento futuro, dependiendo el calendario de salida de la prontitud o demora de tales transformaciones. Se impone, por ello, aprovechar esta particular coyuntura para perfeccionar nuestro modelo de administraciones públicas, uno de los dilemas medulares de esta gran depresión, haciendo de él una oportunidad de crecimiento en lugar del lastre que en ocasiones aparenta a la vista ciudadana.

Los presupuestos ya no permiten sostener el funcionamiento de nuestros sujetos públicos. Ni los ingresos fiscales, ni la financiación externa, son capaces de cubrirlo con garantías. Tampoco desde el marco comunitario se concibe una dimensión de la administración como la que aquí aún conservamos, sino aquella subsidiaria y limitada a la actividad policial como garante de derechos ciudadanos o arbitral en el desenvolvimiento del sistema socioeconómico. Todo apunta, pues, a una administración que pueda ser financiada a través de menos impuestos, con un coste ajustado a sus nuevas tareas, facultando que dichos recursos de las empresas y las familias se destinen a la actividad emprendedora en lugar de a sustentar un oneroso aparato burocrático.

En este escenario, tanto financiero como regulatorio, los cometidos hasta hoy en manos de la Administración necesariamente habrán de cursar de forma progresiva a sistemas de gestión diferentes. En el ámbito local, desde hace décadas hemos comprobado cómo se pueden prestar servicios elementales por entes privados, manteniendo los titulares públicos sus competencias de control, supervisión, sanción y fijación de las condiciones técnicas o tarifarias de tales prestaciones. Estas mal llamadas privatizaciones -nótese que la administración retiene aquí las principales potestades, incluida la remoción de los adjudicatarios- han supuesto la subrogación del personal a los entes gestores indirectos, e incluso han originado ingresos adicionales al erario, en forma de cánones o cuotas participativas de sociedades creadas específicamente para la gestión de los servicios.

Por descontado que la erradicación de duplicidades administrativas o la obligada supresión de organismos superfluos y de aquellos que consumen recursos excesivos, resultan desafíos que han de afrontarse para respetar los rigores de la estabilidad presupuestaria, pero no parecen suficientes: el reto consiste en profundizar en el cambio de nuestras administraciones convirtiéndolas en supervisoras y no necesariamente en protagonistas directas de las prestaciones y funciones, ya que este último papel ha devenido insostenible y no logra tampoco encajar en las perspectivas europeas, amén de que la iniciativa privada puede generar aquí el necesario desarrollo que precisamos y el mantenimiento de los puestos de trabajo del sector público, en la actualidad en serio riesgo, convirtiendo a dichos empleados administrativos en emprendedores que puedan resultar adjudicatarios de los servicios por su experiencia en sus funciones y remunerarse directamente de los ciudadanos.

Ojalá, en fin, sepamos concebir oportunidades desde la adversidad. Si lo logramos, habremos sido merecedores del calificativo que Séneca reservaba a los sabios.

8.- LA ADMINISTRACIÓN POSIBLE (Diarios de *Editorial Prensa Ibérica*, 31 de octubre de 2012).

El coste no ha sido cuestión que haya suscitado nunca excesiva preocupación en el diseño de nuestra planta de Administraciones públicas. La garantía financiera soportada por un presupuesto inmune a cualesquiera embates ha animado a lo largo de los años, aquí y fuera de aquí, la creación de una arquitectura institucional en la que lo prioritario no siempre ha sido su sostenibilidad en términos económicos. Tanto el generoso desarrollo autonómico, como los propios procesos de crecimiento experimentados por la Administración General del Estado y los Entes Locales –por no citar la pléyade de organismos vinculados a unas y otras–, han sido concebidos sobre bases ideológicas u organizativas muy legítimas y justificadas... pero sin ajustarse en todos los casos a las capacidades de nuestra hacienda.

No cabe más que partir de un hecho notorio: nuestros presupuestos no pueden ya sufragar la estructura administrativa española y ni tan siquiera recurriendo a la financiación exterior. Es posible que ello responda a una situación coyuntural o pasajera de los mercados de deuda, y que por esa misma razón no resulten aconsejables modificaciones de bulto en estos temas, pero es lo cierto que nos está costando ya mucho superar estos episodios, no pudiendo garantizarse que contemos con reservas suficientes para cubrir nuevas incidencias que puedan generarse en estos temas en un inmediato futuro.

Nuestra actual Administración Pública ha sido proyectada, en buena medida, hace más de dos siglos. Los perfiles que ha ido adoptando a lo largo de este período han oscilado, pero en buena medida han supuesto una extensión de su campo de acción hacia ámbitos desde luego discutibles en estrictos términos sociales y económicos. En particular desde el florecimiento del Estado del Bienestar de mediados del siglo pasado, las tareas encomendadas a la Administración la han erigido en protagonista principal de nuestra vida productiva y no productiva –en "*el Dios del Siglo XX*", en acertada definición de uno de los padres del derecho administrativo continental–, al margen de su decisivo rol como garante de los derechos sociales.

Esta situación impone, por lo que se ve, una serena reflexión acerca de las funciones y dimensión posible de la Administración en el contexto de la estabilidad presupuestaria comunitaria. Este régimen, de profundas raíces liberales, inspira una Administración Pública subsidiaria, que desempeñe tareas decisivas de garantía de los derechos ciudadanos, en especial cuando impliquen el ejercicio de las potestades de autoridad inherentes a los sujetos públicos, y que despliegue su función regulatoria en determinados sectores productivos o empresariales que demandan dicho árbitro imparcial para su propia pervivencia como mercados. Así, del triple cometido clásico de policía, fomento y servicio público que se reservaba a la Administración Pública, es posible que únicamente perviva, en este nuevo escenario, la primera actividad, debiendo cederse a los operadores privados las restantes, a través en el caso de los servicios de las distintas modalidades previstas en nuestro ordenamiento para la gestión indirecta o administración por los particulares de funciones públicas (los concesionarios, por ejemplo).

La dilatada experiencia de la gestión en manos privadas de los servicios locales nos debe llevar a su extensión a otros ámbitos de quehacer público, introduciendo como es natural aquellas correcciones que procedan para que colectivos vulnerables puedan acceder en condiciones de igualdad a dichos servicios, pero esas fórmulas son las que, creemos, permiten que la Administración pueda seguir siendo soportada por los presupuestos y que sus empleados puedan mantener sus puestos de trabajo en aquellas nuevas entidades que, bajo control público, desarrollen las actividades hasta hoy en manos estrictamente administrativas.

De modo que los vientos apuntan a una futura Administración policial y arbitral, que es la única que podemos mantener y que logra encajar en la nomenclatura comunitaria que nos viene impuesta. Cuanto más demoremos la transición a esta realidad peor nos irá, por lo que el reto al que nos enfrentamos demanda de todos los agentes implicados un serio ejercicio de responsabilidad, sentido común y agilidad en los cambios.

9.- ADMINISTRACIÓN 2.0 (*El Periódico de Catalunya*, 27 de noviembre de 2012).

Los episodios de extrema gravedad que se suceden en el orden económico están provocando esa transformación o ruptura a la que llama la voz crisis en su etimología grecolatina. Conforme a las acepciones del diccionario, crisis es una *"situación de un asunto cuando está en duda la continuación, modificación o cese"*, y, también, un *"momento decisivo de un negocio grave y de consecuencias importantes"*. Como se puede advertir, nada de malo hay en ambas cosas, antes al contrario: siempre hemos experimentado procesos cíclicos al calor de la cambiante evolución de las sociedades y el reto consiste precisamente en encontrar oportunidades donde a veces vemos solo problemas.

Nuestro país, sin duda, no es el mismo que concibió la Administración pública tras el advenimiento de los Estados Constitucionales. En aquella hora, las necesidades de vertebrar un modelo racional de organización de los asuntos públicos condujeron en la Europa continental a la creación de estructuras administrativas en nada abstencionistas, sino lisa y llanamente proactivas, henchidas de cometidos de lo más diverso, incluyendo con el paso del tiempo –en especial con el surgimiento del Estado del bienestar- su decisivo concurso como sujeto preeminente en la vida industrial, comercial o empresarial. La Administración, a lo largo de toda esta dilatada etapa, fue absorbiendo tareas susceptibles de ser llevadas a cabo por la propia sociedad, una función sustitutiva que pudo estar justificada en determinados momentos por la coyuntura económica, pero que ha conducido a un doble atolladero: el adormecimiento social y el replanteamiento mismo de su misión como organización al servicio del poder ejecutivo.

La Administración en España, tributaria aquí de sus equivalentes europeas, precisa de una redefinición de su función y su dimensión. Los datos económicos revelan que hemos diseñado una planta de sujetos públicos insostenible, que nos cuesta mucho financiar, salvo en el breve período en que duran las burbujas o ilusiones financieras, cuyo final, por conocido, resulta tan grave como funesto. Indudablemente, la variable del coste de nuestras estructuras administrativas nunca ha sido tenida en cuenta como se debía, quizá porque, de acuerdo con la consabida máxima, el presupuesto lo aguanta todo. Y ya se ha visto que no es así.

Una moderna, eficiente, eficaz y útil Administración pública pasa, creemos, por su concepción como auténtico garante social, y no tanto por su consideración como protagonista indiscutida del liderazgo de un país. La Administración es y debe ser, por ello, un ente preservador de actuaciones que lleven implícito o requieran el ejercicio de la autoridad pública en todo Estado constitucional, tanto en asuntos ciudadanos como empresariales o mercantiles, operando en este último terreno como árbitro de los mercados y de la actividad económica. De ahí que los llamados entes reguladores, encargados de la vigilancia de ciertos sectores productivos calificados por la intensidad de su intervención pública, resulten en buena medida organismos imprescindibles para el correcto funcionamiento de dichos mercados, algo incluso deseado por los mismos agentes como garantía misma de la pervivencia de sus negocios.

La Administración, así, deberá ajustarse en medios materiales y humanos a dichos cometidos básicos, pero subsidiarios: a la garantía de los derechos ciudadanos comprendida bajo el concepto clásico de actividad policial y a su quehacer como garante de la actividad empresarial o económica. Ni la actividad de fomento ni la del servicio público, que en su día constituyeron sus principales ocupaciones, pueden ser hoy sus objetivos, entre otras razones porque las necesidades de su financiación impiden su pleno desarrollo y porque existen ya actores privados que pueden desempeñar dichas funciones con solvencia.

Respecto de los servicios públicos, incluso los más esenciales se administran desde hace décadas a través de las distintas modalidades de la gestión indirecta, sin que esto provoque quiebra social alguna: en dichas prestaciones continúan haciéndose descansar en manos públicas las principales potestades de control y supervisión de los servicios, siendo llevadas a cabo por sujetos particulares previamente seleccionados por la Administración.

Esta gestión indirecta de los servicios públicos acaso podría extenderse a aquellas otras funciones administrativas que no impliquen el ejercicio de autoridad inherente a los poderes públicos, creando con ello al menos dos efectos favorables: el coste cero para las arcas públicas –o incluso el beneficio propio del canon a entregar por el gestor indirecto- y la generación de un tejido empresarial privado capaz de desarrollar dichas tareas con sus propios medios materiales y humanos, y resarcirse directamente del ciudadano en su coste, siempre dentro de los límites tarifarios fijados por la Administración titular de la competencia y con valoración de las situaciones especiales que afectan a colectivos sociales vulnerables. De este modo, y al igual que ha acontecido con los servicios públicos locales, buena parte del personal al servicio de las Administraciones públicas, en la actualidad en riesgo de drástica reducción de sus efectivos, podría continuar su desempeño en las entidad privada que, bajo intervención pública, prosiguiera con las funciones que antes caían en la exclusiva órbita o esfera administrativa.

Todas estas ideas, como es natural, precisan de las oportunas modificaciones legislativas de calado, pero todo parece apuntar que los vientos en el ámbito internacional caminan en ese sentido, lo que se identifica con la existencia de una Administración pública en singular (que optimice sus recursos, con el uso de las tecnologías de la información y la comunicación); que resulte ágil (pequeña, eficaz, sostenible económicamente) y, en fin, que despliegue su actividad en lo que realmente importa: garantizar los derechos ciudadanos y el correcto funcionamiento social y económico.

10.- APRENDIZAJE DEL DERECHO Y DESPACHOS DE ABOGADOS (*Lawyerpress*, 16 de enero de 2015).

El derecho, como el resto de saberes o ciencias aplicadas, precisa de su aprendizaje experimental o práctico. Ello no supone contradicción alguna con la enseñanza teórica, toda vez que la aplicación del derecho es, justamente, la aplicación al caso concreto de dicha dogmática. Entre la educación jurídica empírica y la teórica, pues, ni existe ni puede existir más que una íntima conexión, entre otros motivos porque el derecho se ha creado y se nutre de la elaboración racional y sistemática derivada del tradicional método científico basado en la *"prueba y error"*; en nuestro caso, de las conclusiones del debate o dialéctica suscitada entre dos partes enfrentadas de cara a una solución justa de su controversia, llevadas luego a la literatura jurídica y a las decisiones de los jueces y tribunales.

Qué duda cabe que el derecho ha sido conformado por principios abstractos que han sido sometidos por la enseñanza jurídica clásica a un sistema pretendidamente coherente y armónico, pero también resulta indudable que tales abstracciones tienen como finalidad la resolución o elusión de contiendas entre personas, físicas o jurídicas, porque, en suma, la experiencia jurídica es en buena medida una experiencia litigiosa.

Javier Junceda

Así las cosas, el concurso del abogado en la formación de los juristas, me parece crucial. Su participación activa en los distintos programas lectivos, nutriendo los cuadros docentes o contribuyendo a aproximar al alumno en la práctica del oficio que ha elegido, constituye un indiscutible valor añadido para cualquier centro universitario que pretenda convertirse en referencia de los estudios jurídicos. Como el quirófano lo es para quien se forma como médico, la sala de vistas en las Facultades de Derecho debiera de ser un instrumento elemental en la enseñanza de la ciencia jurídica. Y de igual manera que un cirujano con pericia adiestra a sus alumnos de medicina en los pormenores quirúrgicos, así tendría que suceder -en mayor medida de lo que hoy sucede- con el abogado curtido en el foro con los alumnos de derecho.

Si, como sostiene Díez-Picazo en su discurso de apertura del curso académico de la Real de Jurisprudencia y Legislación, la clave del aprendizaje del derecho es la reducción de abstracción como vía necesaria de comprensión de nuestra ciencia, siendo el ejemplo y el método del caso dos herramientas de utilidad, ni que decir tiene que un docente procedente del foro que acumula años de experiencia a sus espaldas, está en mejores condiciones de transmitir el conocimiento del derecho de otro que nunca ha desarrollado tales funciones y se ha limitado a reproducir una doctrina en cuya génesis no ha intervenido.

La aportación de los despachos de abogados a las Facultades de Derecho, además, encuentra en la creación conjunta de postgrados un específico campo aún en buena medida inexplorado. Nadie mejor que una firma conoce las necesidades del sector legal y de sus primeros y últimos destinatarios, que son las personas afectadas por un asunto jurídico. Por eso, los ahora llamados programas in Company, organizados conjuntamente entre despachos de abogados y universidades, constituyen fuentes de conocimiento recíproco de extraordinario interés. También, las sesiones monográficas sobre asuntos candentes, o las prácticas externas en los despachos en los últimos años del grado y en los másteres de acceso a la abogacía, e incluso la supervisión por letrados de las tareas que los alumnos puedan desarrollar en las denominadas clínicas jurídicas, en las que comienzan a desarrollarse incipientes trabajos pro bono por los estudiantes de derecho.

Como se advierte, todo este elenco de asuntos en los que pueden cooperar con eficacia las Facultades de Derecho y los despachos de abogados, han de servirnos para formar juristas completos, y no meros tramitadores de formularios, que es en lo que en alguna medida se ha convertido en los últimos tiempos el estudio y la práctica jurídicas.

11.- A PROPÓSITO DE LA PRUEBA DE ACCESO A LA ABOGACÍA Y LA FORMACIÓN PRÁCTICA DEL DERECHO EN LAS UNIVERSIDADES (*Lawyerpress,* 1 de agosto de 2014).

He de reconocer que, desde que tengo uso de razón jurídica, una de las frases que más he escuchado es aquella de que "*las facultades de derecho no son ni pueden ser lugares para formar a los abogados*". También debo confesar que siempre la he puesto en tela de juicio, nunca mejor dicho, porque estimo que el derecho nace para su aplicación, y sin ese elemento de practicidad, carece en buena medida de sentido. La práctica del derecho no es otra cosa que la aplicación de la teoría, de modo que sin saberla ninguna fórmula jurídica podrá ser llevada al terreno de los hechos. Lo que quiero decir es que no sé si alguien que jamás ha atendido partos puede enseñar ginecología, pero lo que sí preferiría es que esa asignatura me fuera impartida por quien lo hace a diario. Como acostumbro a decir coloquialmente, un jurista completo debe conocer la letra y la música del derecho, porque en eso consistirá su trabajo.

Las facultades, acaso por la ausencia de dedicación mayoritaria de los cuerpos docentes a la práctica del derecho, han preterido en alto grado esa vocación aplicativa, limitando su función al aspecto puramente especulativo. Ha de insistirse en que ninguna disyuntiva existe entre teoría y práctica del derecho, sino que estamos ante un plan continuo que concluye en el servicio eficaz a la persona afectada por un asunto de naturaleza legal. Ni es posible ese final sin un abordaje serio de contenidos jurídicos, ni tampoco desconociendo el funcionamiento de las herramientas a utilizar en cada caso.

Quienes compatibilizamos la actividad forense con la enseñanza o investigación del derecho conocemos algo del salto que tantas veces existe entre la realidad de los tribunales y la doctrina de las aulas. Por eso mismo, debemos reflexionar sobre una formación jurídica que trate de congeniar ambos mundos, y de interactuar nutriéndose de unos u otros ámbitos, en beneficio mismo de la justicia y de los justiciables.

Los centros que logran diseñar sus programas abiertos a la realidad profesional, sin duda aciertan. El foco ha de ponerse, siempre, en el día después de la última hora de clase, cuando el alumno se las tenga que ver con su quehacer profesional, y le acudan a pedir ayuda para resolver problemas legales a personas, empresas o familias. Hemos de ver la enseñanza del derecho con ojos profesionalizadores, acostumbrando a nuestros estudiantes a vestir toga y defenderse oralmente en una sala de vistas, a que se acerquen a las soluciones jurídicas como lo hace un mecánico en el taller al dar con el problema que impide circular a un vehículo.

"Sólo se domina bien un tema cuando eres capaz de explicárselo a tu abuela, y esta te entienda", acostumbraba a decir Einstein. Por esa senda deberíamos transitar en las universidades, llevando el derecho al caso concreto, con una idea de servicio a los demás y a la justicia. Y por esa vía deben diseñarse los grados y los postgrados, armonizando sabiamente la letra y la música, la teoría y la práctica del derecho, que es una misma cosa.

En este sentido, el examen de acceso a la profesión de abogado me ha sorprendido por acoger esa visión práctica del derecho. Salvo determinadas preguntas que, por su propia confección, inducen a equívocos (al poder ser satisfactoriamente respondidas por varias alternativas), la prueba me ha parecido seria y profesional. La constante referencia a nombres propios y situaciones particulares de sujetos y objetos, hace que quien se deba examinar deba solventar situaciones determinadas que acontecen a diario en la profesión. Acaso sería recomendable, de cara a futuras convocatorias, la formulación de cuestiones con redacción menos compleja o quizá la reducción del número total de preguntas, debido a que la pasada prueba ha sumado al planteamiento continuo de interrogantes con neta dificultad un número excesivo de preguntas.

En relación con la creación de un fondo documental o base de datos con material susceptible de ser objeto del examen de acceso —una suerte de prontuario- podría resultar de utilidad, si bien también podría hacer peligrar la finalidad misma de esa prueba, que es asegurar que quien ejerza la profesión de abogado sepa *"de qué va el tema"* y no extender dicha autorización a quien se ha limitado a aprender una salmodia repetitiva, aunque *repetitio* sea *mater studiorum*.

Sirve la prueba tal y como ha sido concebida, pues, como aviso a navegantes a aquellas facultades que postergan en sus grados y especialmente en sus másteres de acceso a la abogacía la visión práctica del derecho, porque sus alumnos muy probablemente encontrarán inconvenientes para superarlo con éxito.

Sin embargo, para quienes lo vean con mirada profesional, se convertirá en un entretenido pasatiempo.

12.- EL DINERO PÚBLICO (Diarios de *Editorial Prensa Ibérica*, 18 de octubre de 2016).

Desconozco si existe alguien que no examine con lupa el destino de sus dineros. Hasta quienes cuentan con una economía saneada lo hacen, quizá porque muchos han llegado a tal condición midiéndolos. Nos une, en todos lados, el control estricto de nuestros gastos, para lograr alcanzar, asegurar o incrementar el deseado nivel de sostenimiento. No hay moneda a la que no sigamos su paradero, por escasa que sea su cuantía, porque habitualmente acostumbra a existir valor detrás de ella: el derivado del sudor que nos ha supuesto conseguirla.

Cuando adquirimos algo o decidimos aplicar nuestros ahorros a un fin determinado, no solamente lo hacemos tras contrastar la oferta en términos de calidad y precio, sino que estamos también muy atentos a la evolución del producto, a efectos de su garantía. Queremos comprar bien y barato, para no tener que volver a hacerlo.

No estoy seguro que todo esto suceda cuando empleamos los cuartos para pagar impuestos y otras cargas públicas. Al tratarse de obligaciones legales, satisfacemos la deuda sin reparar la mayor parte de las veces ni en la calidad del resultado ni en su durabilidad. Por más que a través de los sufragios en cada elección podamos aplaudir o recriminar la forma en que se gestionan nuestros esfuerzos fiscales, la sensación es de que esa tela que tanto nos ha costado lograr se va a un saco sin fondo que, de tanto malbaratarse, ya no da ni para mantener cada año a la nación.

Mientras esto sucede, la publicidad institucional insiste en la utilidad y provecho social de los tributos. Nadie puede dudarlo. Pero de lo que se trata aquí es de llevar al terreno del convencimiento ciudadano esas candorosas proclamas, algo que solamente se puede obtener partir de un dato de partida que se suele solapar: ese dinero no es de las Administraciones, sino mío y suyo, fruto de lo que hemos ganado por nuestros propios medios. Aunque esté en manos públicas, ese dinero es de todos y cada uno de los miles de contribuyentes y de sus familias, de modo que esa milonga de que el dinero público no es de nadie, como sostenía aquella ocurrente Ministra, es de órdago: cada euro que llega al erario tiene un dueño.

Así las cosas, un elemental proceder doméstico nos ha de conducir a preguntarnos, con más frecuencia de lo que lo hacemos, si con nuestros billetes se está haciendo lo que procede, o si, por el contrario, estamos colaborando a consolidar un moderno Leviatán que, servicios básicos al margen, ni nos proporciona excesivos retornos o beneficios, ni podemos ya tampoco costear.

Si trasladáramos esta forma de pensar a los tributos, es decir, si considerásemos en serio que esos fondos siguen siendo nuestros, sin duda defenderíamos la tan malhadada austeridad, como hacemos en nuestras economías caseras por puro sentido común, y en especial cuando vienen mal dadas. O ajustaríamos también el diseño de las estructuras que dependen de ese dinero, limitándolas a lo fundamental o imprescindible. Dudo que alguien desee seguir sufragando algo que no le genera más que gasto, por más que se recomiende en nombre de "la sociedad", algo que, como dejó dicho la hija de aquel tendero inglés, no existe, sino hombres y mujeres individuales y sus familias, que necesitan mirar por sí mismas en primer lugar y luego por el vecino, pero por ese orden.

Como hacemos en casa, hemos de impedir que los dineros que aplicamos al sostén de la cosa pública se malgasten, como tan a menudo advertimos que se hace con bobadas costosísimas. Y, sobre todo, replantearnos si tiene futuro un Estado que no se limite a las prestaciones elementales, y que sin embargo lo haga invadiendo cada vez más espacios que corresponden a la iniciativa privada, auténtico motor de cualquier país civilizado.

Menos impuestos, mejor optimizados y una Administración eficiente y centrada en lo esencial: seguridad y servicios básicos. Lo contrario, ni tiene razón de ser ni conduce más que a apuntalar un ruinoso estado de cosas cada vez más difícil de mantener y que tanto desafía a las economías familiares.

C).- SOCIEDAD.

1.- LLEVÁRSELO CRUDO (*El Confidencial Digital*, 8 de abril de 2016).

La radio daba la noticia del enésimo caso de corrupción cuando subí al taxi. Durante el trayecto, el taxista no cesó de lanzar improperios: "*se lo han llevado crudo, se lo han llevado crudo*", me insistía.

Al llegar a destino, observé en el taxímetro el importe de la carrera: 8,20 euros. Al entregarle la tarjeta, me la devolvió con un recibo de 8,45 euros, mientras seguía maldiciendo el personaje público en cuestión. En mi despedida, no me resistí a recriminarle que quien "*se había llevado al crudo*" mis 25 céntimos era precisamente él.

Es de celebrar que los mecanismos de lucha contra esta lacra funcionen. Incluso frente a los casos que afectan a quien gobierna. Pero algo me dice que entre lo que se critica y lo que se hace, es posible que no siempre exista la necesaria sintonía. Recientemente hemos sabido que quienes habían encabezado en su día movimientos ciudadanos de denuncia frente al saqueo, con gran aparato mediático, parece ser que figuran presuntamente inmersos en operaciones investigadas en paraísos fiscales.

La bolsa de fraude en España es colosal. *Con factura o sin factura* es frase que nuestros turistas ya identifican con la *spanish siesta*. Y, sin embargo, nuestra respuesta colectiva ante los delitos económicos sigue pareciéndose, cada vez más, a la del niño travieso que se sorprende de que sus padres le hayan regañado por una trastada.

Si la ley es el espejo de los valores de una sociedad, en nuestro caso algo debe estar fallando. Se recrimina sin piedad a quien ha hecho algo punible, aunque el que censure lleve a cabo conductas similares o incluso peores. En realidad, de hipocresía hablamos, un viejo asunto.

Para afrontar este desajuste entre el ser y el deber ser, pienso que pueden ser de utilidad algunos remedios. Para empezar, utilizar a las leyes que penalizan estos comportamientos como herramientas pedagógicas, desde la edad escolar. Es preciso explicar el por qué se esa tipificación, su razón de ser, para que no se vea como algo ajeno o artificial, sino de defensa de la propia sociedad. Y, en segundo término, potenciar la formación en valores en todos los niveles educativos, para que poco a poco cale la idea de que no todo vale y de que se hace preciso contribuir al cumplimiento de la ley para que todo siga en pie.

Con todo, y como este camino que apunto es lento, mientras esperamos sus frutos bien haremos en aplicarnos el cuento y dejar por un momento de lado tanta caza de brujas, de chivos expiatorios o de cabezas de turco.

2.- SELFIES (*El Confidencial Digital*, 27 de abril de 2016).

A la invención de la imprenta siguió un afán lector, pero nada comparable a lo sucedido con la red y los dispositivos móviles. El abuso de estas tecnologías ha convertido a nuestras calles en un gran muestrario de nucas y a las conferencias en otro de coronillas.

Cada vez más personas hacen su vida en internet, y el tiempo dirá si eso es bueno, malo o inocuo, o si a eso se le puede calificar como vida.

Las cámaras incorporadas a los teléfonos y tabletas permiten hoy inmortalizar cualquier instante, aunque especialmente están siendo utilizadas para el autorretrato, una aplicación cada vez más generalizada y que seguramente precisa de alguna que otra reflexión.

El espejo, hasta ahora, servía para revisar nuestra imagen, pero sin salir de nuestras retinas. Los *selfies*, sin embargo, nacen para ser compartidos, aunque puedan dárseles también el uso individual del espejo. Esa difusión del autorretrato por las redes sociales se asemeja, pues, a una compañía masiva ante la luna del escaparate, en el que quien se mire verá detrás a una multitud de personas de todo tipo, incluso a quien no quiere ver ni que le mire. Como es natural, eso no puede tener nada de normal.

Aunque siempre hubo quien se pasaba el día delante del espejo, en la actualidad es excepción quien no lo haga, por culpa precisamente de los dichosos *selfies*. La permanente atención a la apariencia nos ha convertido en esclavos de la forma y así nos luce el pelo. Los gimnasios se llenan y las bibliotecas se vacían. Las conversaciones se alejan de cualquier asunto que no sea de la mayor irrelevancia y banalidad. La edad adolescente se ha elevado y ocupado el lugar de la madurez. Los pediatras van a tener que ocuparse ya de la salud de todos.

Esta sociedad *sélfica*, además, impone modas estéticas significativamente fugaces. Cualquiera puede transitar de una calva brillante y depilado integral a una barba cubana estilo sierra maestra, en cuestión de semanas. Todos conocemos a personajes públicos que cambian de aspecto capilar con gran frecuencia. Estas cosas suceden hoy por oleadas, y subyugan a legiones de personas de cualquier edad, a diferencia de lo que hasta ahora se daba exclusivamente en la temprana juventud.

Nada me hace pensar que quien así actúa no lo haga también con su forma de afrontar la vida y de decidir los principales asuntos de su existencia. El hábito no hace al monje, desde luego, pero algo ayuda. Por descontado que el que se dedica a mirarse *non stop* al espejo del *selfie* y cambia su aspecto a cada rato puede tener las ideas muy claras sobre lo esencial, pero un no sé qué me dice que ese comportamiento no está hoy demasiado extendido.

Lo que quiero decir es que este ensimismamiento estético que nos invade puede estar dejando poco espacio a la observación sustantiva de la realidad y, por esa vía, convierte a la mayor parte de los asuntos en meramente adjetivos.

La política, por ejemplo, se está viendo afectada por esta corriente. El *postureo* constante de determinados líderes apunta precisamente a esto que digo. Quien no se suba a esa deriva cosmética, propia del pensamiento blando, está *out,* lo que le penalizará electoralmente. Algunos seguimos estimando que eso constituye una solemne majadería, porque a quien toca apoyar es a quien tiene proyecto sensato y cuenta con cuadros capaces de llevarlo a cabo, aunque no use prendas talladas o ajustadas, fulares alrededor del cuello o no se haga *selfies* con su chihuahua.

Limitemos, en fin, el uso del espejito... antes de que él nos limite a nosotros.

3.- MIKE, EL POLLO DE LOS OLSEN (*El Confidencial Digital,* 13 de mayo de 2016).

La libertad para desarrollar nuestra existencia conforme a nuestras propias convicciones, apetencias o gustos, limita con la racionalidad cuando de asuntos generales hablamos.

Todos lo experimentamos en el ámbito familiar: cada uno puede hacer con su vida lo que considere más oportuno, incluso arruinarla a lo tonto, pero lo que nunca pueden ceder son las normas que rigen el funcionamiento de la casa, temas jurídicos incluidos. Si alguien decide algo inconveniente y se obstina en ello, poco cabe hacer más que aconsejar bien y confiar en la caída del burro, aunque eso demore algún tiempo. Acabar con el marco establecido para facilitar acomodo a las ocurrencias, sinrazones o inmadureces individuales, es lo peor que puede suceder.

En la actualidad, va ganando enteros la idea de que múltiples temas de interés público son de sentimiento, no de pensamiento. Y que se ha de decidir conforme a emociones, sensaciones, impresiones, pasiones o percepciones. Incluso, se confía en que esa forma de actuar se traduzca en prodigiosas soluciones que den con la fórmula magistral capaz de conjurar los principales dilemas.

No parece lo más sensato liberar al sentimiento del pensamiento, y presentarlos además como antagónicos. Hasta desde la vertiente individual, introducir en el sentir un poco de lógica y experiencia nunca viene mal. De igual modo procede hacer con el pensar, para evitar nuestra conversión en autómatas insensibles.

Ahora bien, donde indudablemente han de confluir sentir y pensar es en las cuestiones que a todos afectan, así como en las que precisan de la aplicación de saberes contrastados. A nadie se le ocurriría, por ejemplo, someterse a una operación quirúrgica en manos de un cirujano entrañable pero que desconozca los secretos del bisturí. De igual modo que es una imprudencia hacer descansar las cuestiones de las que depende el futuro de las personas en quienes se limitan a exhibir modos y maneras emotivas, pero sin proponer soluciones eficaces ni tan siquiera idearlas.

Existe un *humus* básico sobre el que operan los sentimientos en la colectividad, que es la racionalidad. Sin ella, la única deriva esperable es el fracaso. Si incluso con la aplicación de remedios bien pensados y sopesados no logramos siempre solventar los inconvenientes que suscita la meta de la prosperidad, no me quiero ni imaginar lo que sucederá si ensayamos con otros métodos basados en las poses y ademanes. Es posible que también triunfen, pero si lo consiguen será como ganar la lotería sin jugar un décimo.

Para las cosas del comer, mejor es no andarse con experimentos. Y usar el pensamiento y el corazón al mismo tiempo. En caso contrario, hemos de saber que el único pollo que logró sobrevivir sin cabeza fue Mike, que lo hizo durante año y medio en la granja de los Olsen, en Colorado.

Pero no vivió ni un día más.

4.- ESTAR COMO UNA CABRA (*El Confidencial Digital*, 23 de mayo de 2016).

Me han dicho que habían oído que alguien había afirmado que fulanito estaba como una cabra. Menganito le había revelado a fulanito que también estaba como un cencerro, además de que se pasaba el día insultando por los pasillos a todo lo que se mueve.

Y que zutanito era un alcohólico porque bebía cerveza de doble malta. Estoy seguro de que los implicados en este chismorreo nunca han visitado un sanatorio psiquiátrico, porque si lo hubieran hecho dudo que fueran tan inapropiados en sus comentarios. La corrala parece haber salido de los libretos de zarzuela y representarse a diario en nuestras vidas.

Mi admirado Víctor Küppers lo define mejor que nadie: estamos muy tarados. ¡Ay de quien actúe de buena fe o con naturalidad! se convertirá en el enemigo a batir por ese triste ejército gris uniformado que hace uso, quizá sin saberlo, de las once reglas de la propaganda de Goebbels. La actitud que se salga de la normalización forzada es penalizada sin miramientos, como en las peores épocas de nuestra historia contemporánea.

Con independencia de que este tipo de comportamientos denote la mediocridad, complejo de inferioridad y escasez de virtudes de quien los practica, pienso que apunta también a un problema más hondo: el paulatino abandono de la objetividad y su sustitución por el reino de la subjetividad.

El trabajo impecable, o con resultados satisfactorios, precisa en estos momentos de un plus consistente en ajustarse a los cánones del pensamiento único, aunque ello no aporte nada. A la inversa, quien se acomode a los mismos, aunque ofrezca un balance pobre de éxitos, está fuera de peligro, como sucede con quien ni tan siquiera se mueve para que, cual Don Tancredo, el toro no le alcance. La subjetividad erigida en norma campa a sus anchas y ha trasladado el mundo de las evidencias, de lo contrastable, a una segunda fila.

Quien desafíe al patio de vecindad en que se ha vuelto esto últimamente, corre riesgo de ser tildado de chiflado, y quien no esconda su personalidad verdadera, en todo un John Wayne temerario. La ubicuidad calculada, la apariencia y el no salirse del raíl constituyen las reglas de oro de este momento. Quien se salga de esto, asume riesgos inmediatos, incluidos los laborales.

Estar como una cabra, hoy, es también escribir cosas como esta. Pero estar tarado es, como indica Küppers, vivir como vivimos. El tiempo que perdemos miserablemente en dimes y diretes, en murmuraciones y marujeos, lo hurtamos al abordaje de tantísimos asuntos que precisan de nuestra atención. Si lo cronometráramos, nos sorprendería.

Los antídotos más poderosos frente al correveidile colectivo siguen siendo la profesionalidad y la enseñanza moral aplicada. Aquella, donde existe, se centra en lo principal, en lo que toca solucionar. Esta, cuando se pone por obra, no tiene competidores.

Recetemos esos dos grandes remedios para evitar estar tarados. Y, sobre todo, para llenar la vida de un poco de optimismo y sentido común.

5.- LOGOMAQUIA (*El Confidencial Digital*, 1 de junio de 2016).

Quienes nos dedicamos al derecho, sabemos que la costumbre de adverbiar adjetivos, en las actuaciones forenses, es el síntoma más notorio de que se albergan dudas profundas en lo que se sostiene.

Cuanto más se abuse del sufijo *"mente"*, más se exhiben esas inseguridades, que pretenden ser conjuradas así. Como sucede con el lenguaje no verbal, en el mundo procesal estos aspavientos acostumbran a ser detectados al vuelo, porque las cosas claras no precisan candil.

Al igual que sucede en el contexto jurídico, el uso del gran aparato verbal o de la locuacidad insistente, aunque se haga a coro, nunca es capaz de servir de dique a las evidencias contrastables, al menos en ámbitos que no resulten aquejados por alguna patología. El recurso al exceso, a la grandilocuencia, al juicio popular, es lo más propio de quienes precisan de alzas para ganar centímetros. A falta de motivos objetivos para hacer o decidir lo que sea, nada mejor que subrayar lo que se tenga más a mano, aunque sea inventado, sencillamente falso o se diga con insistencia por parte del personal.

En entornos sanos o normales, el examen reposado de los resultados siempre es el que prima. Los diferentes sistemas para medirlos constituyen el principal barómetro. Fuera de estos, reinan el torbellino del menganismo, del banco de favores o de las dinámicas lamentables de las hordas.

El problema estriba en que no siempre logra triunfar sobre este mal un razonable bien. Desde luego que, como sentenció Burke, el mal avanza porque los buenos no hacen nada. La turba que se organiza frente a quien hace sus deberes pero pasa olímpicamente del resto de asuntos, suele ser antológica. Hoy han de hacerse las cosas impecables y además caer bien a todo quisque, incluso a quien se debe recriminar algo, dedicando buen tiempo a ese superfluo esfuerzo cosmético. En el fondo, más de lo mismo. Figurar, aparentar, mentir. Y esperar a que nos examinen de las maneras, nunca del fondo. Tarot televisado en lugar de ingeniería de última generación.

Bien pronto todo este escenario cambiará. Cuando se roce el límite y se compruebe con madurez que multitud de asuntos solamente son abordables con responsabilidad y sentido común, se entenderá que la única forma de hacer es aquella que tiende a la solución de los problemas con rigor y sensatez, sin dejarse llevar por la marea, aunque sea arbolada. El plus de caer bien a todos y en todo momento pasará a mejor vida, porque es por definición algo secundario y prescindible, aunque sea muy agradable cuando se consigue sin recurrir a la impostura.

Mientras tanto, denunciemos a quienes juzgan de manera inmisericorde sin atender a los hechos, sin escuchar tan siquiera las campanas de la otra parte, dejándose llevar por ocurrencias adolescentes y olvidando los datos que saltan a la vista.

O entreguémonos a la sinrazón que conduce al final de las cosas.

6.- POSTUREO (*La Vanguardia*, 22 de mayo de 2016).

Tanto le gustaba mirarse en el estanque, que acabó en el agua. El Narciso que llevamos dentro se ha vuelto colectivo y toma asiento hoy en parlamentos, gobiernos y hasta en comunidades de vecinos. Este enamoramiento súbito complica cada vez más los asuntos, al excluir cualquier lógica diferente a la del espejo y, por esa vía, renunciar al reconocimiento de que no siempre se acierta plenamente con lo que uno discurre. La escasez de autocrítica y su reverso, el notorio déficit de humildad, domina el discurso público, y no solamente el político. Estamos encantados de habernos conocido y nos hemos transformado en oráculos infalibles a inmortalizar en capiteles de estilo jónico tardío.

Entre el amor propio y el narcisismo patológico existen, seguro, términos medios. En la actualidad, sin embargo, todo parece transitar peligrosamente hacia este último terreno. Por discreto que sea el ámbito, se hace cada día más embarazoso advertir de la más minúscula incorrección. La adulación al superior en belleza por quienes le rodean constituye igualmente un signo complementario de esta hora. Amamos demasiado a nuestros ombligos y el remanente de querencias lo reservamos para el majestuoso pavo real.

Como este es un clásico tema del que ahora apenas experimentamos un mero revival amplificado, nunca han escaseado fórmulas que lo han desafiado con éxito, incluso con ocasión de sacudidas recias. No me refiero, por supuesto, a la falsa modestia, que no es sino la marca blanca de los aficionados al autorretrato. Tampoco al fortalecimiento del pensamiento, porque lo que predomina aquí no es pensar sino sentir, como si fueran antagónicos.

Una interesante clave para combatir lo que cuento reside en saber rodearse de personas con un mínimo de madurez y sensatez. Que lealmente canten las cuarenta cuando toca. O prestar atención a la realidad que revelan las evidencias contrastables. Cierto que para ambos tratamientos se precisa también contar con algo de serenidad, que el frenético ritmo actual no siempre favorece, pero sin duda se puede lograr con un poco de suerte e insistencia.

Me temo que la adjetividad de esta sociedad sélfica seguirá aumentando mientras no arbitremos medidas que la reconduzcan a niveles razonables. Menos Instagram y espejito mágico quizá ayude. Y más sentido del ridículo, objetividad y naturalidad, claro.

7.- NUEVA LLORCA (*El Confidencial Digital*, 25 de junio de 2016).

Unos días en Manhattan impiden esbozar cualquier retrato, salvo sí se pretende hacer con trazo grueso. Hace algunos años, en Perú, pregunté a una anciana monjita francesa sobre lo mejor y lo peor del país.

Me respondió que, tras sesenta años viviendo allí, no me podía contestar sin pensarlo antes mucho. Con todo, lo que he visto y vivido en esas jornadas neoyorquinas me sugieren algunas conclusiones tal vez trasladables más allá de los imponentes rascacielos y los *pretzels*.

Ni he tenido allí sensación de inseguridad, ni de presión de una megalópolis diseñada para seres de tamaño muy superior al humano. Tampoco me ha parecido que sus gentes padecieran singular angustia, y eso que he tratado de mimetizarme con ese incesante hormigueo que a todas horas transita por la gran manzana. Desayunan o comen muchas veces en la calle, cargando sus alimentos en bolsas de plástico y paseando café hirviendo protegidos por cartón; portan mochilas para sus desplazamientos y nadie callejea sin sus cascos puestos o sin mirar a sus teléfonos móviles. Es decir, nada diferente a lo que en la mayor parte de las urbes del planeta se hace a diario, una uniformidad que denota que la libertad no siempre es garantía de diversidad.

Lo que sí me ha impresionado es la presencia del español en NY. No hay establecimiento o lugar en donde no sea posible hacer uso de nuestro idioma, solo o combinado con el inglés. Se escuchan conversaciones de cafetería en las que tras una frase en castellano siguen otras en la lengua de Shakespeare, sin mediar razón que lo justifique. En el JFK se rotulan los avisos en las dos hablas, así como en la publicidad que exhiben los vehículos. El español, en su fusión más iberoamericana, hace de la ciudad que nunca duerme una capital hispana más, algo que sin duda convierte a nuestra palabra en enorme patrimonio universal, dado el carácter de primer altavoz del planeta que tiene Nueva York.

Mientras en determinadas zonas de nuestro país, debido a una falta notable de perspectiva y sentido común, se penaliza a diario el uso del español en todos los órdenes, en el contexto internacional ya se ve que la corriente es justo la contraria, lo que da muestra de por dónde discurre el futuro imparable de la lengua de Cervantes.

Cierto que la mezcla de español e inglés corre peligro de generar una nueva jerga que comprometa a los dos idiomas, pero los cálculos demográficos en Estados Unidos refieren que, en 2050, la mayoría será hispana, por lo que con ese crecimiento es fácil deducir una inclinación superior hacia nuestro lenguaje, si bien con la incorporación de términos anglófonos. A este empeño de impulsar y proteger el español en Estados

Unidos se aplica desde 1973 la Academia Norteamericana de la Lengua Española, una corporación que despliega una benemérita actividad digna sin duda del generoso apoyo financiero e institucional no solamente por parte del gobierno español, sino del resto de países de habla hispana.

La otra España, la que huele a caña, tabaco y brea de la canción de Mocedades, recorre ya unas calles que, pronto, habremos de rebautizar como *neollorquinas*.

8.- HUMOR (*El Confidencial Digital*, 8 de julio de 2016).

No se ha ingeniado mejor sistema para medir la calidad humana. Ni para resolver infinidad de asuntos o tratar de encarrilarlos. El sentido del humor, donde existe, contribuye extraordinariamente a sobrellevar la vida y facilita como pocos el alivio de tantísimos trastornos generados por los modos contemporáneos de existir.

Es complicado, no obstante, distinguir cuándo estamos ante esta agradable aptitud y cuando ante sus irritantes antónimos. Quien abusa del chiste, por ejemplo, nunca parece encajable en esta categoría, en especial si lo trata de explicar, si se explaya innecesariamente, si es de mal gusto o no viene a cuento. Tampoco logra incorporarse al benemérito catálogo de los bienhumorados el que se lo toma todo a guasa, el que anda el día entero con la risa forzada puesta o el incapaz de detectar cuándo resulta improcedente, por el contexto o la materia. O quien recrimina las más mínima broma en ámbitos laborales o técnicos, por estimarlo escasamente profesional. Por exceso o por defecto, esta facultad precisa de ser cuidadosamente deslindada de aquellas otras maneras que ninguna relación guardan con ella, como las del impertinente bufón o el incorregible malhumorado.

Tener sentido del humor equivale también a conservar el patio trasero impecable, sin porquería acumulada. Quien atesora esta virtud, revela con su naturalidad que no debe esconder nada, porque nada tiene que ocultar. Al revés, quien recela del buen humor acostumbra a encontrarse cómodo en la simulación de una severidad que tantas veces envuelve notorias incapacidades o complejos, porque la constante seriedad y la mediocridad suelen ir de la mano.

Un país con gentes bienhumoradas es imparable: en la política, en los gobiernos, en el trabajo, en la prensa, en todo. Y otro con malhumorados no tiene remedio. La relativización que trae consigo el sentido del humor no es rival de la responsabilidad, sino su más formidable cómplice. Ayuda a diferenciar el grano de la paja, a revelar el traje del rey desnudo y a descubrir la talla personal de cada cual.

Nada peor, en fin, que padecer problemas sumando otros derivados del buen talante para enfrentarlos. Y nada mejor que encarar el día con actitud sonriente, sin caretas, con carcajadas como respuesta a comentarios geniales o a bobadas solemnes.

Además, es gratis y sienta la mar de bien.

9.- ADULTOS ADOLESCENTES (*El Confidencial Digital*, 7 de septiembre de 2016).

Personas de edad madura comportándose como jóvenes y viceversa: niños o quinceañeras adoptando modos propios de los adultos. Este panorama es fácil de observar hoy en la calle, en la mesa camilla o entre las amistades. Y es algo, además, extendido por las naciones desarrolladas, desde Estados Unidos a Japón. La inmadurez de quienes debieran actuar por su edad de forma juiciosa y la adquisición por las nuevas generaciones de poses adultas, está a la orden del día.

Aunque los dos elementos cursen hoy al mismo tiempo, pueden responder a diferentes causas. Los cincuentones infantiloides quizá lo sean, en el fondo, como consecuencia de unas sociedades blandas en las que, fruto de los excesos del llamado Estado del Bienestar, lo tienen todo a su disposición a costa de ínfimos esfuerzos personales: una procura mucho más que existencial al alcance de la mano nada más amanecer todos los días, sin exigencias de deber o responsabilidad alguna, sino rodeados de derechos. En los lugares en los que toca salir cada jornada a superar la fascinante aventura de la vida, estas cosas no suelen darse tanto. Como tampoco sucede entre quienes, en occidente, deben levantar la persiana en plena madrugada para traer el pan a casa. Estos inmaduros que describo rara vez se encuentran entre los currantes que siguen la máxima paulina de que quien no quiera trabajar no quiera comer, abundando en cambio entre los petimetres y los vividores, que encuentran en los abusos del sistema un inmejorable caldo de cultivo, ya que vivir como un niño es vivir inmerso en el líquido amniótico en el que lo único que procede es comer y dormir.

Otro motivo de este súbito crecimiento de la inmadurez en edad adulta es posible que venga dado por el espejo comercial y mediático, que insiste en modelos que garantizan el inmediato consumo, a costa tantas veces del buen gusto, la dignidad personal o el respeto ajeno. Me refiero aquí a aquellos patrones que persiguen ante todo molestar o llamar la atención, no tanto saciar en sus usuarios un deleite estético. Entran en esta categoría, por ejemplo, los adultos disfrazados de jóvenes, con esas estampas verdaderamente cómicas, por no calificar de patéticas, con que acostumbran a exhibirse, en especial en momentos de ocio.

La inconsistencia o nomadismo actual, en el que la vida se convierte en un constante ejercicio de turismo hacia infinitas formas de pensar, ser y actuar, resultado sin duda de la pérdida de referentes sólidos, asimismo hace que cada vez más adultos actúen al albur del último hábito en boga, adoptándolo o abandonándolo, sin más, por su mayor o menor generalización, con independencia de su corrección en términos éticos, estéticos, físicos o tradicionales. Aunque se trate de una solemne majadería, de una gamberrada de las de antes o de algo sin sentido, procede aceptarlo porque cualquier cosa es mejor que no viajar.

A estos inmaduros con canas les han salido en la actualidad no pocos adeptos, precisamente entre los adolescentes e incluso entre los niños. El balcón televisivo al que se asoman está repleto de canales en los que, a todas horas, emiten series en las que chicos de esa edad comparten conductas propias de su mentalidad y fisiología en crecimiento, pero asumiendo roles de gente de mucha más edad. Lo curioso es que ese espejo no es el de adultos maduros, sino pueriles, lo que se traduce en que los adolescentes se miran en otros como ellos, algo que es para hacérselo mirar en todos los terrenos.

Tenemos por delante algunos retos. Pero este que destaco no es menor, aunque no se subraye. De no atajarlo, mucho me temo que habremos de elevar la edad pediátrica a la de la esperanza de vida y empezar a comprender en clave infantil muchas cosas que suceden hoy.

10.- SOCIEDAD LÍQUIDA (*El Confidencial Digital*, 20 de julio de 2016).

En estos tiempos de cambio por el cambio, poco importa si se avanza o retrocede. Lo importante es cambiar.

La capacidad de adaptación a la nada o la flexibilidad ante el disparate es una de las principales claves de nuestra época, en la que se insiste en hacer comulgar con ruedas de molino a quien tiene sus ideas razonablemente asentadas y en donde *"no me metas en líos haciéndome pensar"*, es la frase que lo resume todo.

Frente a lo sólido, como sostiene Bauman, la modernidad impone hoy la dictadura de lo líquido, lo efímero, lo mudable, lo inconsistente: el reino de lo relativo, la tierra mejor abonada para la ausencia de racionalidad en tantos ámbitos.

La vida pública no está alejada tampoco de esta nota. Las formaciones políticas minoritarias, en tropel, alzan sus voces cual *Don Perfecto* colectivo reduciendo su discurso a la cansina censura de quien gana una y otra vez las elecciones, sin proponer nada mejor o más sensato. Mudan hasta sus ideologías por este ansiado cambio por el cambio que lo inunda todo. El pernicioso efecto de emulación que ello supone convierte a los ciudadanos en rehenes de la incertidumbre constante, lo que nunca ha conducido a nada bueno.

No cabe duda que una sociedad así es un fabuloso escenario para los más variados mercados. Y para la manipulación. La ausencia de criterio –o, más bien, el criterio voluble- permite vender bienes y servicios impensables en otras épocas presididas por la lógica, el sentido común o la observación más elemental. Se penalizan determinadas conductas por entenderlas nocivas para la salud, pero otras igualmente dañinas se toleran o potencian por considerarlas un dechado de modernidad. Se erigen templos sobre vanas entelequias y se banalizan otros que hunden sus raíces en la cultura y la civilización.

Como en la actualidad nada es verdad ni mentira, sino del color del cristal con que se mira, las oscilaciones personales o sociales son de órdago, algo que se percibe en los aspectos más formales, como la fugacidad de las estéticas o conductas que cursan con inusual celeridad.

En el mundo rural, tan sabio, se acostumbra a escuchar, cuando de cambio se habla, que siempre sea *"para bien"*. Un cambio *"para mal"* no es cambio que valga, porque equivale a empeorar la situación. Y mucho menos un cambio que no sea ni *"para bien, ni para mal ni para todo lo contrario"*, que es lo que tantas veces sucede ahora.

O se cambia *"para bien"* o no se cambia. Salvo, claro está, para quienes anhelan vivir en su propio líquido y encontrarse de repente navegando sin rumbo hacia ninguna parte.

11.- FIESTAS (*El Confidencial Digital*, 4 de agosto de 2016).

Mucho cuidado con comer carne procesada. Ni se le ocurra fumar ni oler el tabaco. Ojo con la comida basura. Modere el consumo de la bollería industrial... Las autoridades sanitarias advierten cada dos por tres de esto o de lo otro, y pobre del que incumpla: palo y tentetieso en forma de sanción o penas severas.

Todo esto está muy bien, pero no comprendo demasiado porqué toda esta estrategia no se extiende también a otras conductas nocivas, que sorprendentemente se potencian por las propias Administraciones. Pienso, por ejemplo, en los festejos populares.

Los brutales decibelios de las orquestas y atracciones en el centro de las localidades, desafiando tímpanos y cristales a todo vatio hasta bien entrada la madrugada, no importan. Tampoco, los ancianos, enfermos o niños que precisan de esas noches para descansar. Que son cuatro días, rebaten quienes defienden este modelo *tradicional* de festejos, imponiendo a los *aguafiestas* que opinan diferente su dictadura del ruido y el insomnio, forzándoles al éxodo a otros lugares en los que se pueda dormir.

De esto, nada hablan los mandamases de la salud. Su silencio cómplice alcanza también al abuso del calimocho entre adolescentes en las inmediaciones de los recintos festivos, junto a otras sustancias perseguidas por la justicia. Las plazas de España se convierten en agosto en mingitorio y *vomitorio* auspiciado precisamente por quienes debieran, como en Roma, cumplir con la máxima de *salus populi suprema lex esto.*

Todos los pueblos tienen afueras, zonas sin población donde poder ubicar este tormento anual (playas, áreas industriales, descampados...). Lo que no tiene un pase es que se insista en someter cada verano a miles de personas de toda condición a la condena de sufrir música ensordecedora y tener que sortear además aguas fecales para llegar a sus propias casas. Dudo que cosas así sucedan en los países más subdesarrollados del planeta.

Aunque, más que trasladar la feria de sitio, procede sin duda abrir un sereno debate sobre este lamentable e insano modelo de festejos que seguimos padeciendo, por más que sirva para incrementar el gran negocio de las multinacionales del alcohol o para alimentar el vano orgullo de los atorrantes de turno que creen que seguir así es lo mejor de lo mejor. Seguro que no dirían lo mismo si ellos tuvieran ese infierno delante de sus narices.

Por descontado que son posibles unas fiestas patronales que agraden a todos. Pero ello pasa porque se logre dar con el término medio en el que nadie se sienta perjudicado, con generosidad y sentido común.

Lo contrario, además de insalubre, es injusto.

12.- TODÓLOGOS (*El Confidencial Digital*, 29 de agosto de 2016).

Llámase todólogo a la persona que cree saber y dominar varias especialidades. De las tertulias radiotelevisadas han saltado a la terraza del bar.

Cada vez es más frecuente toparse con gente que habla de todo. De lo que saben y de lo que no tienen la más remota idea. Se calla poco, porque callarse es reconocer que no se es perfecto, ni sabio, ni bello, algo que encaja mal con la narcisista sociedad *sélfica* en la que estamos inmersos.

Los hay de diverso tipo y en toda clase de situación: desde los geógrafos aéreos que distinguen Daroca o Tafalla volando a diez mil metros de altitud, hasta los aeronáuticos que informan en plena aproximación de que los motores van *"descomprimiendo"*; los administrativistas que aconsejan al vecino sobre las últimas novedades legales o jurisprudenciales; los médicos que asesoran sobre un ardor y sus cuidados con arroz blanco; o, en fin, los críticos taurinos que deliberan sesudamente sobre la casta del astifino bragado con ocasión de la modesta feria del pueblo. Los recientes juegos olímpicos han descubierto también la existencia de innumerables aficionados al florete por equipos femenino o a la lucha grecorromana de 66 kilos masculina.

La cosa es no quedarse con la boca cerrada, para beneficio de las moscas. La locuacidad insustancial se ha adueñado del personal y cada vez resulta más complicado mantener una grata conversación en la que unos compartan con otros aquello que conocen por profesión, afición o mera inquietud. Aunque te dediques a un quehacer técnico o científico especializado, en el que debas superar cada día múltiples interrogantes que te salen al camino, nunca falta quien te aborda por la calle para charlar alegremente sobre ellos, a partir de las cuatro obviedades que ha debido escuchar en algún lado, posiblemente en otra tertulia de sabiondos.

Saber de todo y opinar de todo es insensato del todo. Por más que nuestros teléfonos nos ayuden a consolidar en directo nuestra erudición superficial o de apariencia, son incapaces de llenar los agujeros -o cráteres- en tantísimos asuntos. En especial, en aquellos que sean objeto de algún estudio reposado.

No se deduce de esto que tengamos que limitarnos a los comentarios de ascensor. De lo que se trata es de evitar pontificar sobre cuestiones que se desconocen, o al menos de hablar de ellas con la prudencia, naturalidad y mesura que impone la falta de dominio competo de las mismas, lo contrario de lo que sucede hoy, en que nos hemos convertido, además de seleccionadores de fútbol y abogados, en los más diversos expertos sobre lo humano y lo divino.

No hablo aquí de quienes poseen una vasta cultura, que son los que por regla general limitan su aparato verbal a lo imprescindible, precisamente por su alta preparación y conocimientos. Me refiero más bien al lenguaraz de la mesa de al lado que no deja de ilustrarnos sobre su ignorancia, al charlatán presuntuoso que todos conocemos y que monopoliza la conversación a golpe de noticias extraídas de revistas de divulgación, o a quien sufre de indigestión de información por internet y tiene dificultades para discernir lo que es importante y lo que es un camelo.

Cualquier asunto, hasta el más prosaico, por descontado que es susceptible de ser tratado con método científico, aunque nos sirva también para mantener amables veladas con los amigos. Lo que no parece normal es hacerlo con temas complejos y mucho menos con ínfulas pedantes, por más que en el último Reader's Digest haya salido sobre ellos un bonito reportaje a todo color.Lo dejó dicho de forma insuperable Groucho: *"es mejor estar callado y parecer tonto, que hablar y despejar las dudas definitivamente"*.

13.- CHIVO EXPIATORIO (*La Vanguardia* 7 de julio de 2015).

Al tiempo de crisis se ha sumado el de la sospecha generalizada y la condena sin juicio previo. Este nuevo patio de vecindad, bautizado como plataformas digitales, lo es en buena medida porque apunta con su inmisericorde dedo acusador y anónimo a diestro y siniestro, colgando el correspondiente sambenito inquisitorial a quien, tantas veces, o no ha hecho nada o, habiéndolo hecho, no tiene relevancia jurídica alguna. Se ha vuelto últimamente nuestro país un antipático coto de caza del chivo expiatorio, en el que la denuncia –responda a indicios racionales de criminalidad o no, tanto da– está al acecho en cualesquiera comportamientos humanos, y muy especialmente en los referidos a actividades que encierran notoriedad o algún contenido prestacional o de servicio.

Esta situación está convirtiendo progresivamente a la práctica de la medicina en defensiva. A la abogacía, en defensiva. A la labor política, en defensiva. Y así, todas las demás. Los profesionales y responsables públicos, en lugar de curar, defender, o gobernar, se dedican ahora de forma primordial a evitar ser acusados mediáticamente o demandados judicialmente en su quehacer diario, lo que se traduce en que algo connatural a toda tarea humana, como es el riesgo de no acertar siempre plenamente, no se quiera asumir y en su lugar se hagan las cosas a medio hacer o de la forma menos eficaz pero que garantice completa indemnidad.

Todo esto se podría solventar, más allá de la necesaria alfabetización jurídica y hasta diría que educativa general, llevando la recta aplicación de las leyes a quienes denigran a otros de forma gratuita, atajando sus repetidas condenas dictadas desde sus propios tribunales montados en sus tabletas y móviles. Unas cuantas penas ejemplares y pedagógicas serían suficientes para ello. No parece propio de una sociedad madura que se permita arruinar carreras profesionales o menoscabar instituciones públicas y privadas sin tan siquiera dejar que la justicia actúe, condenando o absolviendo tras el pertinente proceso con todas las garantías. Un comportamiento así cuesta creer que resulte compatible con el legítimo ejercicio del derecho fundamental de expresión o de información, que no está concebido para dañar a nadie, sino para favorecer a todos. Una cosa es la información y otra bien distinta un patio de porteras, dicho sea con todos los respetos.

Haremos bien en denunciar, si tenemos conocimiento cabal de hechos que pudieran revestir carácter delictivo. Pero luego toca aguardar al veredicto judicial tras el oportuno enjuiciamiento, sin convertir a ese procesamiento en una anticipada sentencia condenatoria, trasladando a la sociedad la equivocada creencia de que alguien ha hecho algo criminalmente punible por el mero hecho de estar investigado judicialmente.

Dejemos, en fin, actuar a los jueces con prudencia y discreción, sin presiones ni ataduras diferentes a las previstas legalmente. Y, sobre todo, evitemos los juicios paralelos y sin fundamento que tanto daño hacen tantas veces a las personas y a la misma justicia.

14.- OVNI (*Sumando Historias*, 27 de marzo de 2014).

Legiones de zombis vagamos por las calles mirando obsesivamente a nuestros móviles. Es todo un milagro que no haya un mayor número de tragedias vinculadas a esta nueva e irresponsable forma que tenemos de recorrer la ciudad. Y no digamos nada si a la vista puesta en el móvil se unen unos auriculares bien calados, porque entonces necesariamente salta la alerta de OVNI: Objeto Viandante No Identificado. Las aceras se han convertido en una sensacional pista de slalom en la que unos ovnis nos tropezamos con otros, y ni tan siquiera nos paramos a pedirnos disculpas por el encontronazo. Todos vamos con nuestros ojos hacia abajo, enseñando las nucas al que viene detrás, que ni tan siquiera se da cuenta porque él también está fascinado con las cosas que le comunica cada segundo la luz parpadeante de su telefonito.

Urge por todo ello una nueva urbanidad vinculada a los Smartphone, y acaso también la previsión de sanciones ante un comportamiento peatonal tan arriesgado, especialmente cuando hay vehículos siempre tan próximos. Hagan la prueba: salgan cualquier día a la calle sin móvil y dispónganse a recorrer un tramo de acera concurrido. Les ocurrirá como a mí: tratarán de sortear a estos ovnis que describo, como antes lo hacíamos con las baldosas en mal estado. Nuestras caminatas o paseos urbanos son ahora actividades de riesgo añadido, en las que a la maceta que se cae de la terraza se suma el *"movilista"* descontrolado, que en el fondo somos todos los que tenemos ese artefacto.

Procede arbitrar algún remedio a esto antes de que sea demasiado tarde. ¿Qué tal poner *"en modo calle"* nuestros teléfonos?

15.- *LIPDUB* EN EL *THINK TANK* (*Sumando Historias*, 2 de mayo de 2014).

Observo con curiosidad el progresivo uso de términos ingleses en el lenguaje profesional. Como está tan extendida esta moda, quien no utilice esas palabras corre el riesgo de ser tildado de mediocre, pese a que su forma de expresión sea francamente correcta. He tenido en los últimos años multitud de reuniones de trabajo en las que me han sorprendido las innovaciones terminológicas que se han ido incorporando en la conversación laboral. La última fecha para presentar algo es, ahora, la *deadline*. Un encuentro para abordar un concreto dilema es una *brainstorm*. Y si hablamos de un instituto o centro de estudio, debemos referirnos siempre a un *think tank*. Objetivo o meta es, en esta moderna jerga profesional, *target*. Y hacer cosas conjuntamente con otros es acometer algo *in company*.

Acostumbro a preguntar con cierto espíritu burlón a mis interlocutores que hacen uso de estas expresiones acerca de su significado y el porqué de su uso, pudiendo utilizar como alternativa frases en su propio idioma que todos entendemos. Se sonríen la mayor parte de las veces, un silencio que yo interpreto como aceptación de que esas voces las han debido de escuchar alguna vez a alguien con voz hueca y engolada, y les ha parecido una modernez digna de adopción y uso inmediatos.

De modo que no cabe más remedio que ir a la caza y captura del creador de estas ocurrencias lingüísticas y llevarlo con rapidez ante la sección de enjuiciamiento de la Real Academia de la Lengua, porque nos debe unas cuantas aclaraciones. Urge indagar su paradero, por el bien de todos y, en especial, de la naturalidad, espontaneidad y profesionalidad de las relaciones laborales.

Me parece que en el uso de estas palabras o frases puede esconderse algo de esnobismo. Si la reunión se celebra en un concreto idioma, a él debieran de aplicarse los participantes, sin importaciones gratuitas que tantas veces pretenden sacudirse complejos y llamar la atención.

De no ser así, de pronto nos encontraremos con que el broker nos habrá hecho un *lipdub* en medio del *think tank*, y, nosotros, sin enterarnos.

16.-AUTOS DE CHOQUE (*La Vanguardia* 25 de septiembre de 2014).

En las pistas de autos de choque, hay tres alternativas: o sigues en fila al que te precede, en una suerte de cadena que continúan los de atrás de forma mecánica; o te sales del círculo y te dispones a colisionar con todo quisque; o, en fin, te dedicas a esquivar coches y a disfrutar de la conducción. Los primeros prefieren la placidez del circuito y los giros tranquilos y rutinarios, sin implicación alguna, sin riesgo, sin emoción, sin nada. Apuestan a lo seguro: que el claxon del final de la vuelta les alcance con su peinado intacto. Si eres de los segundos, corres el inmediato riesgo de que te persiga el damnificado y, de forma proporcional a tu choque, te impacte de manera inmisericorde una y otra vez. Si este ha sido frontal, frontalmente te dará; si ha sido lateral, de lado te responderá.

Siempre he preferido a los terceros. Su interés se limita a entretenerse sin daño, a arriesgar y responder al reto que se presenta veloz ante sus retinas. No buscan enemigos, sino que huyen de ellos. Aprovechan a tope el tiempo de cada vuelta para salir airosos de una locura de incontrolados vehículos al acecho. Van gobernando lo que sin previo aviso se les viene encima, a diestro y siniestro, sin hacer mal a nadie y dejando que los demás hagan lo que estimen más conveniente. Terminan siempre con la tensión por los aires y machacados, pero encantados de la experiencia.

Me pregunto si el microcosmos de una pista de autos de choque nos puede dar alguna clave sobre nuestra actual forma de vivir. No sé si cada vez hay más practicantes de los aburridos giros en redondo, pendencieros o fintadores. Lo que sí me gustaría es que estos últimos fueran la mayoría. Pero me huele que quienes dan la nota a empellones contra el prójimo son los protagonistas hoy, como lo son en los autos de choque, y no siempre, por cierto, resultan reprendidos por el jefe de pista. Estos van a su bola, les da completamente igual todo lo que no sea lograr estrellarse contra el prójimo y darse contra él un colosal trastazo. Su entretenimiento fundamental consiste en fijarse un objetivo contra el que apuntar, al que golpear, para así aplacar su ansia coleccionista de agravios.

En el fondo, todos tenemos algo de estos tres conductores de autos de choque. Todos hemos hecho circuitos cansinos, colisionado violentamente y sorteado obstáculos. Pero un no sé qué me dice que estos últimos son cada vez menos, desafortunadamente. Debieran de multiplicarse quienes se levantan cada mañana para afrontar las cosas que el día les depara sin perjudicar al de al lado, viviendo como un juego divertido e interesante los apasionantes desafíos que van llegando desde el momento de levantar la persiana. Lástima que los más se repartan entre el rebaño y las ganas de molestar por molestar.

Pero, mientras lo acabamos de pensar..., ¿nos damos otra vuelta escuchando al mítico Patrick Hernández en su *"Born to be alive"*?

17.- RÁPIDO, RÁPIDO... (*Sumando Historias*, 23 de junio de 2014).

Somos la generación WhatsApp. La del tweet, la de la comida rápida, la del *"venga, venga, que tengo prisa"*. La del zapping. Todo a toda velocidad. Todo ahora mismo, ya, que no hay tiempo que perder. Aquí te pillo, aquí te mato. Antiácidos, ansiolíticos. El minuto se ha convertido en hora y la hora en semanas. Vamos por la vida como bólidos, con velocidad de vértigo; ansiosos, neuróticos; como si nos fuéramos a morir mañana o llegáramos tarde a apagar un pavoroso incendio. Speed II o Deprisa, deprisa, en sesión continua.

¿Tendrán algo que ver en esto las nuevas tecnologías de la comunicación? Me huele que sí. Recibo a diario, de media, un centenar de correos electrónicos, a los que debo sumar una docena de mensajes de móvil, si bien en este último caso con contenido habitualmente jocoso. No me resulta posible encargar a nadie su gestión, porque se trata, muchas veces, de asuntos de índole personal o profesional que he de atender en persona y con el debido detenimiento. Tampoco puedo dejar para el día siguiente la respuesta, porque se me acumula el trabajo y mis comunicantes esperan mis noticias a la mayor brevedad, además de que ellos también están invadidos por la emergencia que impone el ambiente virtual. Conclusión: debo dar cuenta de los mensajes según van llegando, lo que se complica en alto grado cuando estoy metido a fondo en cuestiones profesionales, académicas o familiares.

Necesitamos, sin duda, limitar el uso de los correos electrónicos y mensajes al modo humano. No puede ser que se sustituya el contacto personal por el envío de un correo electrónico, aunque haya que esperar algo de tiempo para cerrar un encuentro determinado. Salvo aquellos temas que puedan estimarse de cierta urgencia —que no pueden ser los más— y la remisión de documentación de interés, todo lo demás tiene que retornar al terreno de la relación entre personas, cara a cara. Los correos no permiten apreciar los acentos, la entonación, el contexto, la mirada del remitente. Y todo eso contribuye, en altísimo grado, a perfilar la comunicación humana.

Los correos, además, los carga el diablo. Nos metemos habitualmente en monumentales líos cuando no ajustamos bien las palabras a lo que pretendemos decir, precisamente porque el destinatario no tiene por qué conocer el estado de ánimo o las circunstancias en que se redacta un mensaje. Y no digamos nada de lo que denomino coloquialmente "sábanas" de párrafos y más párrafos, que a buen seguro harían las delicias de los psicoterapeutas.

Keep calm and breathe. Echemos el freno, Magdaleno, y empecemos a vivir al ritmo que nuestra biología nos señala que es el adecuado.

Si no lo hacemos así, me temo que entre el e-mail y el WhatsApp acabaremos bien pronto en la bandeja de reciclaje. O teniendo que resetearnos.

18.- ELOGIO DE LA GENTE NORMAL (*Sumando Historias*, 9 de julio de 2014).

Estamos consiguiendo sortear paulatinamente una de las más pavorosas depresiones económicas que hemos padecido en nuestra historia. La madurez y reciedumbre colectivas están siendo las fórmulas que garantizan este éxito, que deslumbra una vez más al mundo, como en su día lo hicieron los grandes descubrimientos protagonizados por nuestros ilustres antepasados o lo hacen ahora los triunfos de nuestros deportistas de élite.

En la intimidad del hogar, con discreción, nos hemos ajustado los cinturones, o hemos ayudado al familiar o conocido que las está pasando canutas. La inmensa mayoría estamos atravesando la tormenta aguardando a que escampe, con la esperanza puesta en los nuevos tiempos y sacando enseñanzas de lo vivido. Todos, en mayor o menor medida, hemos criticado o censurado esta o aquella decisión del Gobierno, pero la hemos acatado por dura que pudiera resultar para nuestros bolsillos. Creo que a eso se le llama ahora resiliencia o algo así. La solidaridad ha servido y sirve como útil resorte social, y en este aspecto la Iglesia Católica está desarrollando un extraordinario papel digno de subrayarse.

Este comportamiento maduro contrasta, sin embargo, con quienes intentan aprovechar la coyuntura para llevarnos al pozo a lomos de ideologías populistas y demagógicas que el tiempo se ha encargado de desvelar como ineficientes, injustas y, en no pocos casos, sanguinarias. Estas corrientes adolescentes no nos hablan de soluciones a los graves retos que tenemos por delante en una situación tan compleja como la actual, sino de lugares comunes trufados de un imaginario naíf y bucólico, en el que la estética capilar cobra neto protagonismo. Quizá debamos entonces aguardar a la alopecia para comprobar lo que dan de sí.

El mundo está repleto de gente buena. Escribo estas cosas a bordo de un avión que sobrevuela Brasil con dirección a España. Delante de mí, un anciano observa con ternura a un niño de unos seis años que se ha quedado dormido. No para de estar pendiente de él, pese a que la criatura viaja con sus padres y otros dos hermanos. El pasaje está compuesto, en su gran mayoría, por personas que dan la impresión de retornar a su país a pasar una pequeña temporada, tras haber tenido que irse a trabajar fuera. Muchos de ellos son jóvenes que frisan la treintena, y se les nota alegres y contentos pese a haber dejado su ciudad para buscarse la vida.

Todo el mundo es bueno, como titulaba Manolo Summers aquella desternillante película de tomas falsas. Y todo el mundo aguanta lo que está cayendo con inteligencia, esperanza y fortaleza. Como estamos haciendo todos…, excepto aquellos que pronto precisarán de un buen crecepelo.

19.- ESCAPARATE PREOCUPANTE (*Sumando Historias*, 5 de septiembre de 2014).

Siempre me ha parecido el verano la estación más propicia para la observación social. Hacemos la vida fuera de casa, frecuentamos terrazas, playas y lugares de ocio, o acudimos a citas a las que durante el resto del año no acostumbramos a ir. Todo esto facilita el conocimiento de los comportamientos de la gente con la que uno se tropieza, y permite, al mismo tiempo, hacerse una idea de por dónde marchan las cosas importantes de la vida.

Pongamos que veraneo en un pueblo bañado por el Cantábrico. Y pongamos que este año he vivido en él tres situaciones que paso a retratar, añadiendo ciertas anotaciones al margen que el atento lector me permitirá.

1.- En la playa.

Salvo los días de lluvia, que no han sido demasiados, he disfrutado bajo la sombrilla de muchas jornadas con mi familia. Los socorristas me han confesado que no han tenido que salvar a nadie en el mar, afortunadamente, pero que una de sus principales ocupaciones ha sido la de intervenir ante conductas inapropiadas de parejas en el arenal, con niños de por medio. Es decir, un servicio destinado a la protección civil, como es el salvamento, se tiene que aplicar en el presente a tareas de orden público, en particular a evitar espectáculos poco edificantes en espacios reservados para el solaz y la convivencia de los ciudadanos.

2.- En las fiestas.

El pretexto formal es festejar a la Virgen patrona de la localidad. Pero la realidad material es una semana de botellón infernal con decibelios infinitos en medio de la merienda, con personas de todas las edades sin poder pegar ojo, incluidos los enfermos. Mingitorio en el centro del pueblo, impulsado, tolerado o auspiciado por los entes públicos. Fumar no se puede hacer en ningún lado, y no me parece mal. Pero extender el modelo sanferminero por todo el país, basado en el alcohol y las drogas sin tasa, en el ruido ilegal y ensordecedor, vaya si se puede: se potencia. Y quien se oponga a estas cosas es un amargado o un aguafiestas. Continuamos con el modelo de festejos populares de hace medio siglo, y obligamos a quien no quiere festejar, a largarse lejos, porque, si no, durante los días del tormento sus tímpanos y nervios sucumbirán ante el estrépito con completa seguridad. Y ni se valora trasladar la fiesta allí donde nadie reside, porque tal cosa contradice el espíritu de la fiesta, según declaran sin rubor quienes viven en lugares nunca afectados por este espanto anual.

3.- En el bar.

Las comidillas locales advierten que este y aquella y el de más allá mantienen relaciones afectivas, como se suele decir hoy en lenguaje políticamente correcto. La novedad es que ahora las combinaciones posibles se alejan cada vez más del *"cada oveja con su pareja"* y se aproximan peligrosamente a las reglas del reino animal. Hoy es un lío descomunal. Acaso por la acusada sensación de futilidad y banalidad de estas relaciones, o por la falta clamorosa de información o formación sobre su esencia y finalidad –que no es otra que seleccionar cuidadosamente a quien a uno le va a acompañar en la aventura de la vida–, adviertes con estupor e incredulidad cómo los emparejamientos se producen cada vez más a menudo entre personas radicalmente –repito: radicalmente– opuestas, en edad, preparación, educación, valores... Incluso entre personas casadas o divorciadas con quienes no lo son, o de estos con aquellos, y aquellos con los de más allá, con hijos de por medio o sin ellos, todas las combinaciones posibles a la vez y dando exactamente igual si media adulterio, incluso en familias de corte tradicional y religioso.

Todo da lo mismo. Quienes así actúan se conoce que buscan con ello aplacar sus instintos (conocidos ahora eufemísticamente como sentimientos), porque sus pensamientos son harina de otro costal, cosas superadas y propias de otras épocas... E incluso a algunos los veo frecuentar hasta la misa dominical, acaso para evitar el qué dirán o atenuar complejos interiores de culpa moral. Constato, en fin, una brecha generacional en la que a los que vienen detrás poco les importa desagradar a su familia, porque se impone en esto y en todo lo demás el *"yo hago lo que me da la gana, y me da lo mismo lo que me sugieren quienes me quieren de verdad"*. Inmadurez en la madurez y fracaso en la construcción moral. Y ausencia notable de principios en lo más elemental como es la formación familiar. Por descontado que hablo con carácter general, porque existen legiones de parejas con la cabeza encima de los hombros y que piensan, además de sentir; pero pregúntense si llevo o no llevo razón en lo que digo.

A modo de conclusión.

A.- Estas situaciones que describo se pueden y deben resolver fortaleciendo el pensamiento en favor de los demás. Si se pensara en el otro, en el prójimo, estas cosas no sucederían: ni en la playa, ni en las fiestas, ni en las relaciones humanas. Pero cada uno piensa en lo suyo, vive en lo suyo, come lo suyo; y al otro, que le parta un rayo.

B.- Es apremiante un rearme ético de la sociedad que permita indicar las consecuencias de los actos humanos. Una señal de stop puede ser infringida, pero trae consecuencias, sancionadoras y de riesgo vital. De igual modo, un mandato moral puede ser transgredido por un cristiano, pero supone para quien lo haga un reproche en dicho terreno que es necesario purgar.

C.- Escribo todo esto, en fin, porque lo encuentro una grave responsabilidad mía como ciudadano, como esposo y como padre de familia. Los escenarios que de este verano he relatado certifican un estado de cosas que corre el riesgo de trastocar o comprometer el modelo de sociedad en el que creo y que defiendo frente a otros modelos que ni aportan nada mejor ni contribuyen a progreso alguno sino a un neto retroceso. Hablo de un entorno social que respete al prójimo, en el que la persona se ponga en el lugar de otra cuando decida hacer algo, en el que la persona retorne a los valores y virtudes que han funcionado desde que el mundo es mundo y que funcionan extraordinariamente bien aún, en el que no se deje embaucar por la nada y el todo vale, en el que encuentre en la creación de un hogar sólido y con futuro su principal reto, y en el que responda con rigor y severidad ante quien transgrede las normas mínimas de la convivencia social.

Si esto sucede así, seguro que nuestros hijos podrán disfrutar en el mañana de mejores veraneos.

20.- ATAJOS (*Sumando Historias*, 17 de septiembre de 2014)

Los atajos son cosa de la infancia. Todos los hemos utilizado en nuestros veraneos para llegar antes a los sitios de nuestras correrías. Algunos entrañaban riesgo, pero era siempre calculado: apenas unos rasguños ocasionados por las zarzas, unos picores de ortiga o alguna pisada en pequeñas ciénagas que la mente del niño convierte en aguas movedizas repletas de carnívoros cocodrilos. Estos atajos eran y son entrañables, emocionantes, formativos.

A medida que avanzamos en edad, vamos descubriendo atajos diferentes, desde luego menos gratos y edificantes. Algunos los padecemos en época escolar. Otros, en la etapa universitaria o laboral. Se caracterizan por el intento de llegar antes a un lugar, posición, cargo, empleo, función, premio, honor o lo que sea, sin recorrer el itinerario que todo el mundo transita para lograrlo —con esfuerzo, dedicación y méritos objetivos—, sino a través de subterfugios, artificios, trampas y otras trapacerías y maquinaciones. Para el *"atajista"*, el fin justifica los medios, y para lograrlo no acostumbra a escatimar en medios, propios o ajenos (de esta última versión conozco casos muy cercanos, por cierto).

El problema del atajo no es el ardor de sus practicantes. Lo es principalmente de quien no lo ataja, valga el juego de palabras. Quien debe velar porque se mantengan los cauces generales y objetivos para llegar a una meta concreta es el responsable directo de evitar que se acceda por vías diferentes y quien ha de responder si lo tolera o lo facilita. Siempre ha existido y existirán estas intenciones en determinadas personas, pero siempre han existido también controles de calidad para impedir que lograran sus propósitos. Hoy, no estoy muy seguro de que sigan funcionando con demasiada eficacia.

Lo que en el fondo gravita en el atajo es el desafío a la justicia. Conseguir algo sin merecerlo objetivamente, sin ganárselo como todo quisque lo gana mediando perseverancia o talento, es una muestra colosal de injusticia, con perniciosos efectos sociales. Y esto se aplica también a una singular especie de *"atajistas"* caraduras que este pasado verano he vuelto a detectar: aquellos que descansan en agosto como lo hace quien se pasa el año trabajando a destajo pero sin haber dado un palo al agua durante ese tiempo. Me refiero al vividor que disfruta la temporada estival sin merecer descanso alguno, entre otras cosas porque su trabajo consiste precisamente en descansar a tiempo entero de enero a diciembre. Como es natural, estos ciudadanos están en su completo derecho de hacer lo que estimen más conveniente, de igual modo que a mí me asiste el derecho de considerar que lo que hacen constituye un solemne atajo, en este caso por tratar de conseguir algo (un descanso anual), sin pasar antes por el requisito previo (la fatiga laboral). Cerremos el paso a los atajos, en sus diversas variantes, o al menos denunciemos su existencia, para que el botín resulte amargo a sus peculiares usuarios.

21.- SLOWLY (*Sumando Historias*, 3 de octubre de 2014).

Si compráramos el vino más caro del mercado, lo transportaríamos a nuestra casa con sumo cuidado. Lo conservaríamos como un tesoro. Lo abriríamos con extrema delicadeza en momentos muy especiales. Lo serviríamos en pequeñas cantidades. Nos detendríamos en apreciar sus tonalidades en la copa un largo rato. Lo paladearíamos lentamente. Lo oleríamos. Lo mantendríamos sin prisa en la boca y, antes de beberlo (a sorbitos), nos ocuparíamos de que en ese instante no hubiera nada más en el mundo que ese trago. *"Amplia vía retronasal, ligeramente afrutado"*, comentaríamos luego a nuestra compañía, con aire ufano y satisfecho.

Este proceso es posible seguirlo en otras muchas cosas de la vida. Para ello hemos de partir siempre del valor que le damos a esas cosas. Si lo que buscamos es la dosis de alcohol, nos valdrá un tetrabrik de vino (aunque mejor será ponerse a tratamiento médico). Si, por contra, lo que perseguimos es disfrutar en profundidad de la enología, entonces aplicaremos a ese interés nuestros esfuerzos y tiempo.

La clave consiste en otorgar a la mayor parte de los asuntos que nos ocupan un valor acorde a su importancia, porque únicamente a partir de entonces extremaremos el cuidado y trataremos de ser impecables en ellos. Bien mirado, no hay temas de poca importancia, toda vez que hasta lo más rutinario o banal debe acometerse como Dios manda. Sin embargo, en los principales ejes de nuestras vidas es donde, en rigor, procede comportarse como el mejor sumiller.

Todo esto es muy complicado de hacer hoy, debido al ambiente reinante, en el que la velocidad supersónica de la vida impide detenernos en los pequeños detalles. Y esa ausencia constante de atención a esos pequeños detalles, que son fundamentales, está acabando con familias, empresas y personas. Nadie dice que ocuparse de ellos suponga desatender otros cometidos, sino que debemos incorporarlos a nuestro día a día, como algo consustancial de nuestra trayectoria vital.

El apresuramiento actual es mal aliado en este propósito. Nos ciega y no nos permite ver la dimensión y trascendencia de una palabra amable al portero, de una caricia inesperada a un hijo, de una mirada cariñosa a tu mujer o de un consejo leal a un compañero.

In vino veritas.

22.- A CONTRACORRIENTE (*La Vanguardia*, 4 de marzo de 2015).

Se conoce por políticamente correcto aquello que todo el mundo hace o dice porque todo el mundo lo dice o lo hace. No importa demasiado si lo que se dice o hace es bueno, malo o regular, porque Vicente va donde va la gente.

Ir a contracorriente, en la actualidad, es arriesgarse a quedar fuera de juego. Aunque hacerlo así constituya un grave deber, el cálculo personal siempre vence. Prima hoy, en todos lados, la acogedora paz y tranquilidad del no desentonar, del seguir como correas de transmisión lo que se nos fabrica en no sé dónde y que todos debemos acatar como borregos, dicho sea con los debidos respetos hacia estos entrañables mamíferos (como toca decir en lenguaje políticamente correcto).

Existen variedades de este irritante signo de nuestro tiempo. Una muy extendida es la consistente en compartir con alborozo —y exteriorizarlo además— comportamientos que uno no ve bien, pero que están de alguna manera extendidos socialmente. Opinar en contra de ellos, en legítimo ejercicio de la libertad, supone un desafío notable al *statu quo* establecido, lo que te coloca inmediatamente en riesgo de asumir la condición de *"talibán"*, un carnet que suelen entregarte tus interlocutores, tan tolerantes y liberales que acostumbran a ser con quienes simplemente no piensan como ellos.

Da igual que esa conducta de la que se habla sea acertada o no lo sea: si la siguen unos cuantos, y sale en la tele o en las redes, se convierte de inmediato en algo indiscutible, y quien discrepe se convierte de inmediato en un peligroso disidente al que hay que confinar con rapidez en el *gulag*.

Otra manifestación genuina de lo que hablo se da en la forma de comunicar algo. Circunloquios, palabras huecas, irse por las ramas y nunca llamar al pan, pan y al vino, vino, es lo que preside el discurso actual. Cada año he de asistir a no pocas citas institucionales. Y, salvo contadas excepciones, padezco con estoicismo siempre lo mismo: plúmbeas y engoladas intervenciones sin sustancia, logomaquia inane e inservible. En forma y fondo, todo está invadido hoy por un lenguaje políticamente correcto inaguantable que para lo único que sirve es para trasladar tu mente a cualquier lugar y situación completamente diferentes a aquellos en los que se encuentre tu cuerpo en ese preciso instante. Expresar cosas juiciosas, que nos ayuden a transitar por la vida, está vedado por lo políticamente correcto. Y ya no digamos de hacerlo con gracia, sentido del humor y brevedad, porque quien se atreva a hacerlo caerá en el ostracismo dictado por los pelmas y aburridos gerifaltes de esta generalizada moda consistente en decir todos lo mismo y de la misma manera.

Nos hemos de empeñar de una vez en bracear contra las corrientes imperantes, incluso frente a las más recias. Si no lo hacemos, nos iremos pronto hacia la desembocadura, y de ahí, al fondo del mar, donde acabaremos devorados por los tiburones.

23.- FORREST GUMP (*Sumando Historias*, 5 de noviembre de 2014).

De un tiempo a esta parte, no paro de encontrarme con personas de mediana edad corre que te corre por todos lados. Desconozco su destino final o la razón de ser de su despavorida huida calle arriba o monte abajo, que bien puede ser un embargo o el impago de una letra de la hipoteca. Eso sí, los veo siempre muy concentrados, serios, como autómatas.

Con sus auriculares bien calados, su cinta alrededor de la cabeza y el cronómetro-tensiómetro-marcapasos colgando de brazos, piernas o caderas, dando la impresión de precisar de ese galope para vivir. La mayoría de los que veo son enjutos, angulosos, con ojos fijos en el horizonte, aunque en alguna ocasión me he tropezado también con sufridores correcaminos de orondas y temblorosas carnes, en especial antes, durante o después de las vacaciones. Como pasan a tu lado, compruebas que no todos, ni siempre, acostumbran a aplicarse remedios que atenúan los rigores del sudor. Y como este comportamiento se ha convertido ya en plaga social, quien no lo practique es out, lo que fuerza a no pocos ciudadanos de pro, gentes dignísimas, a hacer el completo ridículo al calzarse ropa deportiva y ponerse a mover un esqueleto que, en su caso, mejor estaba en casa quietito.

Resulta muy arriesgado conjeturar acerca del real motivo que les impulsa a echarse a la carretera a galgar. Cada uno tendrá el suyo, como es obvio, y bien harán en dejarse guiar por él. Pero algo me dice que, emboscado en la búsqueda por *"mantenerse en forma"* y el cansino discurso sanitario oficial, puede encontrarse algo más. No puede ser que se haya extendido tanto esto cuando el número de bares no ha disminuido y ves con alguna frecuencia a estos mismos atletas que comento meterse tras su troteo unas cuantas cervezas, gin-tonics y otras bebidas espirituosas.

Nadie puede negar que hacer ejercicio provoca beneficios. Físicos y psíquicos. Darse una vuelta al aire libre o dedicar algo de tiempo a moverse sólo puede traer cosas buenas. Pero no hablo de esto, sino de la generalizada práctica ritual e intensa de deporte, con indisimulada pretensión, cuasi profesional, por meros aficionados.

¿Buscan una salida a la insatisfacción personal que les envuelve? ¿Persiguen conservar una salud que, necesariamente, sucumbirá con el paso del tiempo? ¿Pretenden desconectarse de los problemas habituales, en una suerte de espejismo momentáneo? ¿Quieren cambiar de aspecto, perdiendo kilos, pese a que tienen la complexión que tienen y que, por cierto, encandiló en su día a su pareja, junto con otras virtudes?... Quién sabe.

Lo que sí es claro es que nunca como ahora tanta gente se había puesto a correr detrás de Forrest Gump pero sin él delante.

24.- GRACIAS (*Sumando Historias*, 28 de noviembre de 2014).

Siempre que he utilizado traje académico, he llegado a la sala de togas con el tiempo justo para ponérmelo, colocarme la muceta y cubrirme con el birrete. Al terminar cada ceremonia, el mismo proceso, efectuado con igual rapidez. Invariablemente, en el toguero hay un reducido grupo de personas que nos ayudan. Las vestes están todas las veces impolutas, planchadas, en perfecto estado de revista.

Por razones que no vienen al caso, he tenido que utilizar la toga fuera de la universidad. Uno de estos días en que me la llevé a mi casa, cuando me dispuse a colgarla en la percha, descubrí con sorpresa cómo, al lado del pequeño trozo de tela donde figura la talla, en la parte interna, existía otra bordada con primor con las iniciales de mi nombre y apellido. Me detuve unos instantes a mirar cada detalle de ese bordado y pensé en lo que aquí tengo la dicha de manifestar: ¡cuánta gente buena nos rodea, sin que nos demos cuenta ni les sepamos agradecer lo mucho que hacen por nosotros, sin nada a cambio y sin esperar recibir ni tan siquiera el más mísero agradecimiento!…

Desconozco si ese bordado llevaba ahí cosido años o si se acababa de hacer, porque insisto en que nunca me he ocupado más que de vestirme y desvestirme el traje con rapidez. Tampoco conozco a su autor. Lo que me importa destacar ahora es que para mí ha sido todo un hallazgo, porque desvela que los pequeños detalles son muchas veces reveladores de algo muy profundo. Y porque esos pequeños detalles nos hacen sin duda la vida más feliz y nos ayudan a descubrir lo grande del espíritu humano.

Estas cosas escondidas, que están ahí, que se hacen sin pretender aparentar ni recibir recompensas materiales ni inmediatas, son lo mejor de nuestra existencia. Esa mujer de ochenta años que le hace el nudo de la corbata a un marido de noventa que ya se ha olvidado de cómo se hace por la demencia. Esa otra mujer que espera la llegada de viaje de su marido silbando cariñosamente a su entrada en casa, aunque esté cayéndose del sueño. Ese trabajador de la empresa quebrada que hace horas extraordinarias aunque no cobre desde hace meses, para seguir sirviendo a los clientes y que no noten nada.

Ese compañero de facultad que durante años estuvo sufragando de su bolsillo parte del menú del día de otro colega, sin decírselo y con la complicidad del responsable del bar. Esos alegres voluntarios que vuelven a casa entrada la noche tras dar de cenar en un comedor social. Esos titulares de tarjetas opacas de una entidad financiera que no gastaron ni un céntimo de ellas, a diferencia de los demás…

Está repleta nuestra vida de situaciones así, que convierten el paso por este mundo en algo que merece la pena. Y esto conviene decirlo precisamente en tiempos tan aciagos, tan llenos de noticias desalentadoras. En cada uno de nosotros está el reto de saber descubrir a ese ángel oculto que, con discreción, nos hace la existencia más agradable. Y de agradecérselo de todo corazón.

25.- QUERIDO MILLENNIAL (*Sumando Historias*, 9 de enero de 2015).

Encantado de saludarte. No sabía nada de tu existencia hasta hace poco. Las revistas y periódicos, e incluso sesudos analistas, te llaman también *"generación Y"*, pero prefiero dirigirme a ti como Millennial, porque suena más internacional. Supongo que no te importará.

Si no me he enterado mal, tengo entendido que vives al día, que no te preocupas más que de la felicidad y que no te apetece comerte la cabeza por nada, salvo que se trate de hacer lo que te venga en gana. Corrígeme si no estoy en lo cierto, pero también me cuentan que pretendes acomodar a tu ritmo vital tu futuro profesional o laboral, y que si el curro te supone madrugar, tururú que te vi. Seguro que me faltan muchos datos sobre ti, pero se publica que tu principal objetivo es divertirte non stop, y que crees que el modelo de tus *"viejos"* lo consideras caduco porque, según tú, no les ha permitido *"ser felices"*. Quienes consideran tu llegada como una bendición valoran de ti tu gran creatividad, pero no hablan nada de que dicha imaginación te pille trabajando, en especial un lunes o un viernes.

Mira, algunas de las cosas que me cuentan que haces no sólo me parecen bien, sino que guían mi vida. Yo también persigo la felicidad y vivo el afán que tiene cada día. Igualmente, trato de evitar comerme el coco por todo, aunque no siempre lo consigo. Y si puedo dormir un poco más, pues mejor que mejor. Me encanta divertirme como tú, por supuesto.

Ahora bien, cuando nos veamos me tendrás que explicar detenidamente cómo te lo vas a montar para vivir de esa manera. Es decir: eso de levantarse cuando te dé la gana, trabajar en el horario que mejor te venga, pasarlo bomba a todas horas requiere de una red de trapecista que no sé si tienes a tu disposición. De verdad que si lo consigues, eres un artista. Y entonces deberás legar a la humanidad semejante hallazgo. O patentarlo.

Otra cosa que no tengo muy clara es si no te aburrirá tanta diversión y tanta molicie. A mí me encanta el arroz negro, pero lo odiaría si lo tuviera que comer todos los días. ¿De verdad buscas eso? ¿A eso llamas tú felicidad? ¿Te llena en serio ese modo de vivir?

Oye, Millennial, permíteme un consejo de amigo: hazte muchas fotos y vídeos hoy, y si te parece, los vemos juntos de aquí a unos cinco años. Comprobaremos entonces lo que ha dado de sí tu *"revolución"*… Y la bailaremos.

26.- URBANIDAD AÉREA (*Sumando Historias*, 13 de marzo de 2015).

Llevo tres lustros volando con frecuencia. Todo este dilatado tiempo me permite proponer a las autoridades aeronáuticas que, junto al control de seguridad, sean tan amables de disponer controles de *"avionidad"* en todos los aeropuertos, con capacidad para filtrar al pasaje impidiendo el acceso al avión a quien carece de unas mínimas condiciones para ser transportado por vía aérea.

Existen horarios de rutas en los que resulta una delicia volar, porque quienes lo hacemos estamos todos habituados, por motivos de negocios o profesionales, y el embarque, sobrevuelo y desembarque es rápido y sin contratiempos. Sin embargo, a media mañana o media tarde durante todo el año, e incluso a primera hora del día o a última en épocas turísticas altas, viajar en una aeronave comercial hacia destinos domésticos resulta una mezcla de película de Berlanga y de comedia italiana de postguerra.

Sé de lo que hablo. Junto a mí han volado pasajeros digiriendo todo género de alimentos que se han traído de sus casas: frutas, bocadillos –priman los olorosos embutidos–, latas de conservas –los mejillones al escabeche lideran este ranking–… Y eso que se trata de recorridos de apenas una hora y que no necesariamente coinciden con el horario del desayuno, almuerzo, merienda o cena. Siempre me he preguntado si estas personas estarían en sus hogares a esa misma hora comiendo eso o si se trata de un efecto propio de la bulimia aérea.

Los embarques, en estas frecuencias, se eternizan usualmente debido a los problemas de documentación de esta famélica legión. Al constante olvido de la tarjeta de embarque, o a la presentación en el mostrador del recibo del banco en su lugar, se une la pérdida o caducidad del DNI o pasaporte, o simplemente el error en la hora, día o destino del vuelo. Si a esta circunstancia unimos la culpa que indefectiblemente le achaca el marido a su mujer –porque nunca he visto lo contrario– y las bruscas formas de expresarle su malestar e indignación, entonces de repente comienza a representarse ante nuestros atónitos ojos una antológica pieza de zarzuela, en versión chusca.

Otra costumbre extendida por quienes no superarían el control de *"avionidad"* es la de descalzarse. En vuelos transoceánicos he llegado con el tiempo a comprenderlo, porque me informan que es bueno para ayudar a la circulación sanguínea, pero no lo logro entender en trayectos breves. Quitarse los zapatos en vuelos cortos es, salvo que uno pertenezca a algún credo aeronáutico que lo requiera, una completa falta de urbanidad. Por no decir otra cosa que todos tenemos en mente.

Estas gentes que describo debieran superar un curso intensivo antes de subir a bordo. Y si no lo hacen, ser sometidos de inmediato al control de *"avionidad"* y evitar su paseo aéreo. Sin quererlo, afectan al mismo transporte y a los nervios del pasaje.

En su lugar, propongo instalarles un simulador de vuelo en su salita de estar.

27.- DESMONTANDO AL CARADURA (Sumando Historias, 4 de septiembre de 2015).

En un contexto como el actual, presidido por la ausencia de criterio y la compresión ciudadana hacia todo (sea bueno, malo o regular), el caradura campa a sus anchas. Hubo un tiempo en el que estos sujetos eran cuidadosamente ubicados entre los indeseables, lo que impedía sus maquinaciones. Hoy –cuando todo se admite, se tolera y se aplaude (aunque se trate de disparates, de atentados al buen gusto o de gruesas actitudes contrarias a la moral, a la ética y hasta la estética)–, el cara lo tiene a huevo para hacer de las suyas.

No respetar la cola de la pescadería o del avión encuentra ahora como reacción un ligero refunfuño de los afectados o a lo sumo pequeños comentarios molestos al de al lado. Pero sin pasar de ahí. Nada de advertir al sinvergüenza de sus prácticas, porque ello es meterse en camisas de once varas y es además conducta propia de radicales, algo de lo que se debe huir en aras de una sociedad *guay del Paraguay*. Y, mientras eso ocurre, el caradura se acaba de hacer con el último salmonete que queda y con el mejor sitio en el maletero del Airbus.

Como sucede con quien usa y abusa del atajo para conseguir las cosas, al carota le guía idéntico objetivo: desafiar a la justicia y reírse del prójimo en su propia jeta. Queda claro que en ambos casos el propósito es llegar como sea a lo que se ansía, pero sin pasar antes por las reglas elementales que desde tiempos de los neandertales imperan aquí y en Pernambuco.

Esta desfachatez admite múltiples variantes, imposibles de resumir aquí. El vividor, por ejemplo, acostumbra a organizar su tinglado a costa del semejante, en especial del tonto útil con mayores o menores medios y que encuentra disponible en un preciso momento. Nada de buscarse las lentejas por sus propios recursos. Y nada de acomodar su nivel de vida al que es capaz de lograr por sus propias fuerzas: vivir del cuento hasta que aguante la maquinaria o se despierte la ballena y se desembarace por fin de la rémora que le parasita en su bajo vientre. El binomio caradura-bobo solemne alcanza ya cotas históricas. Como el precio del percebe.

No es tampoco infrecuente el caradura que envuelve su morro en buenismo o en victimismo. Esta especie es sin duda la más antipática, porque a su ímpetu desvergonzado se une su convencimiento íntimo de que quienes le rodean somos unos imbéciles redomados. Este caradura, tan bien parodiado en las películas españolas de la transición, continúa haciendo de las suyas, colocando a sus hijos con familiares para irse de fiesta o aprovechándose de lo ajeno en beneficio propio, pero todo ello siempre en plan *love and peace, amigos para siempre* y *todos contra el fuego.*

Con decisión, hemos de unirnos para atajar esta plaga. Mirar para otro lado, contemporizar, nunca ha ayudado en ese propósito (diría que en ningún otro): el caradura debe saber que lo es, con todas sus letras, y eso debe servirle de acicate para dejar de serlo. Pero si insiste, deberemos enfrentarlo como al mosquito tigre: avisando de su presencia y utilizando pesticida.

28.- CHISTORRA O FUET (*Sumando Historias,* 30 de octubre de 2015).

Aunque ahora ha tocado a la carne procesada, apuesto a que antes que cante un gallo afectará a la no procesada y a la procesada a medias. Deben quedar pocos productos por ser incluidos en alguna categoría de nocividad. Hasta el aire que respiramos o el agua que bebemos está en cuestión. Vivir mata bastante, como se puede advertir.

Estas recomendaciones médicas son recibidas como apocalípticas por regla general. Igual que sucede con los avisos meteorológicos, que predicen ciclogénesis explosivas en lugar de las tradicionales tormentas moderadas, para curarse en salud a efectos de responsabilidad. El uso del lenguaje cumple aquí una importante función disuasoria: se emplean términos técnicos para reforzar el mensaje y subrayar sus conclusiones.

Como en el viejo chiste, muchas de las cosas que se nos dicen que son malas para nuestra salud, no nos proporcionan más días de vida, sino que la hacen más soportable. Viviremos menos tiempo o quizá el mismo que nuestro reloj biológico disponga, pero desde luego lo haremos en unas condiciones humanas razonables o, por así decir, más vivibles.

He sido fumador. El 31 de diciembre de 2005, encendí mi último cigarrillo. Esa decisión estuvo motivada por el convencimiento íntimo de que mi vida no era solamente cosa mía, sino de los que me rodean. No tenía ningún derecho a fastidiarles mientras yo me sacudía una cajetilla diaria, algo que no tiene nada de bueno para la salud, se mire por donde se mire. Desde entonces, echo de menos el tabaco, pero sigo pensando lo mismo.

¿Ocurre igual con la carne, la cafeína, el pan de molde…., con tantos y tantos productos que cada dos por tres son objeto de graves recomendaciones sanitarias? Es posible que sí, pero desde luego he de meditar a fondo someterme a esa nueva renuncia –porque de límites hablamos–, y esta tiranía de lo saludable quizá esté empezando a alcanzar ya cotas paranoicas. El tabaco no puede equipararse a un pepito de ternera, se pongan como se pongan quienes saben de esto.

Aquí no queda *ni el tato*. Los procesos vitales naturales y los accidentes propios de la vida conducen a un final inevitable, porque la vida, como dejó dicho aquel galeno irlandés, es una enfermedad de transmisión sexual. Pero es también mucho más: un periodo de tiempo en el que sufrimos y gozamos, reímos y lloramos, amamos y nos aman, y todo eso no sé si es sano o insano, pero desde luego nos ayuda a sobrevivir cada día.

Por favor, comamos vegetales (hasta que los prohíban), pero nunca olvidemos a la chistorra o el fuet, que tanto han contribuido a hacernos más llevadera la vida.

29.- SOBRE EL AGRADECIMIENTO (*Sumando Historias*, 8 de enero de 2016).

Se atribuye a Cicerón esta hermosa máxima: *"la gratitud no es solo la más grande de las virtudes, sino la madre de todas las demás"*. Pocos sentimientos contribuyen tanto a la satisfacción y al desencanto cuando falta. Como en infinidad de asuntos, es más fácil detectar la ingratitud, acaso porque es menos frecuente. Por eso, el efecto que provoca el desagradecimiento es de una desolación y desilusión notables. A quien hacemos bien y nos lo agradece con un gesto, por mínimo que sea, lo queremos tener siempre cerca, algo que no sucede con el desagradecido. Cierto que hemos de hacer el bien sin mirar a quien, pero también que es de bien nacido ser agradecido.

Días atrás, estando con mi familia disfrutando en una terraza, se nos acercó respetuosamente a la mesa un mendigo a pedirnos limosna. Mecánicamente, le dijimos que no. A los pocos segundos, uno de mis hijos me susurró al oído, *"Papá, yo le voy a dar unas monedas, porque tras decirle que no, él nos ha dicho: "gracias y perdón por pedir""*. Ese gesto de gratitud frente a la nada conmovió al niño… y a sus padres.

Ser agradecido es, seguramente, uno de los mayores termómetros de la calidad humana. Todos somos hijos de la gratitud. Por eso, el hondo dolor que provoca la ingratitud es equivalente al peor de los pesares, con complicada cicatriz.

El desagradecimiento también es, como sucede con el atajo o las trapacerías del caradura, un colosal desafío a la justicia. Quien recibe ayuda desinteresada de alguien, no solamente ha de corresponderle con gratitud, sino que contrae una deuda moral que le debe forzar a favorecer a otros, en una suerte de cadena virtuosa que sin duda hace del mundo un lugar mucho más habitable.

No se deduce de todo esto que la gratitud sea un grillete o atadura eterna a la persona que nos ha hecho el bien. Como es natural, quien nos ha apoyado en un determinado momento es posible que no lo haga en otro. Pero al menos por esa vez le debemos el recuerdo imborrable de reconocimiento.

Ramona, la persona que trabajó en casa de mis padres durante toda su vida, ayudando generosamente a salir adelante a una familia numerosa *"especial"*, como se denominan administrativamente hoy, solía recordarle a mi madre: *"Señora, no pida a quien pidió, ni sirva a quien sirvió"*. Se refería a su experiencia laboral antes de llegar a casa, en la que no había sido tratada de forma adecuada por patronas que antes había trabajado como ella en el servicio doméstico o que habían pasado necesidades. En su día escuché también relatar a mi padre la peripecia de un rico terrateniente de provincias que, en medio de la guerra civil, se paseaba ufano por el paseo marítimo en pleno frente, con su elegante vestido y sombrero a juego. Cuando regresó a su domicilio, los suyos le recriminaron esa temeridad, a lo que él respondió: *"No tengo miedo a que me maten, yo no he hecho un favor nunca a nadie"*.

Desconozco si estos dos casos responden o no a la anécdota o son susceptibles de generalización. Lo que sí he de manifestar es que me he encontrado con ambos en mi periplo vital. Y recientemente, además.

La gratitud, en fin, no es solamente un rasgo de educación o de urbanidad: lo es también de profundidad humana.

Y de ser o no de fiar.

30.- CUANDO HABLO, COSAS DIGO (*Sumando Historias*, 26 de febrero de 2016).

Cuenta la leyenda que Demóstenes, el mejor orador de todos los tiempos, llenaba su boca de piedras para combatir su tartamudez. Si viviera hoy, apuesto a que utilizaría las cuatro piedras siguientes.

La primera es pensar antes lo que se va a decir. Cuando hablo, cosas digo, que reza el refrán. Es mejor callar que decir una sandez o una simpleza. Y eso es aplicable a todo. Como en los vehículos, una cosa es el motor y otra, la transmisión. A veces observamos coches que andan poco pero andan, porque su transmisión es muy buena. Sin embargo, nada supera a un buen motor que lleve aparejada una excelente transmisión. Para transmitir, sin duda, se precisan conocimientos, cimientos sólidos. Y convencimiento pleno en lo que se sostiene. Solamente dominas algo, por complejo que sea, cuando eres capaz de explicárselo a tu abuela y te entiende, decía Einstein. Quien sabe, y sabe bien, normalmente es capaz de defender sus ideas con brillantez.

Otra piedra viene dada por el continente. Si creemos en algo, si estamos convencidos verdaderamente, se notará sin duda en nuestra gestualidad, en nuestra compostura. Los ojos, como muestra, son un auténtico balcón del alma, un extraordinario escaparate que acompaña siempre a lo que decimos. Las manos, la voz… el llamado lenguaje no verbal es el mayor notario de la verdad de lo que expresamos.

Una nueva deriva de la oralidad de los hechos. Hay múltiples asuntos que basta con mostrarlos, porque hablan por sí solos, ya que las cosas claras no precisan candil. Esa elocuencia es imbatible, y todos sabemos que la verdadera contundencia de los argumentos nace de la evidencia incontestable de la realidad o de las pruebas. En mis inicios profesionales, recibí una elegante reprimenda de un veterano compañero a mis ardores juveniles. Me recordó precisamente esto, que los excesos verbales o gestuales de nada sirven si no van acompañados por hechos concluyentes y poderosa razón.

La última piedra procede de la brevedad. No conozco a nadie al que le apasionen las monsergas. No cabe hoy más que limitar las palabras a lo imprescindible. Cuando veas a tus fieles moviendo sus posaderas en los bancos es que no les estás moviendo el corazón, es el momento de terminar tu homilía, recomendaba aquel viejo manual de seminario a los futuros sacerdotes. Esa concisión es la que toca siempre, entre otras cosas para respetar a los demás.

(Extracto del discurso pronunciado en el XXVI Concurso de oratoria Amadeu Maristany, in memoriam, en el Patio de Columnas del Ilustre Colegio de Abogados de Barcelona, el 11 de febrero de 2016).

31.- SABIOS 2.0 (*Sumando Historias*, 15 de abril de 2016).

La expansión de las redes sociales ha devuelto el protagonismo a las letras. Se ha vuelto a escribir, algo que debe celebrarse. Quien más o quien menos lo hace a diario, a través de las diferentes plataformas o aplicaciones. La inmediatez de los mensajes fuerza a menudo respuestas igualmente rápidas, de modo que nos hemos convertido en usuarios obsesivos de los teclados.

Este empleo del lenguaje, no obstante, ha traído consigo cosas no tan gratas y en las que me gustaría detenerme hoy: la súbita proliferación de sabiondos y expertos en todo lo divino y humano.

En este nuevo patio de vecindad reinan hoy los opinadores que dominan los secretos más insondables de la humanidad. Tras cualquier noticia o artículo, siguen a menudo comentarios espontáneos, algunos de aurora boreal. Es indiferente la materia: desde el ordenador de la sala de estar del octavo C, escalera izquierda, bloque A, de la urbanización X, salen de repente al ciberespacio frases de contenido vacuo aunque disfrazadas de erudición wikipédica, cuando no cobardes insultos o frases gruesas protegidas por el anonimato. El saldo actual del uso de las nuevas tecnologías en estas materias me parece que se inclina más hacia estos derroteros que a las aportaciones valiosas, que por descontado existen.

El silogismo aquí es claro: quien tiene acceso a Internet lo tiene al mundo del conocimiento, de modo que cualquiera puede escribir la sandez más notable sin el menor rubor, entre otras cosas porque nadie le enmendará la plana y si alguien osa hacerlo se tornará de inmediato en odioso enemigo que lo único que pretende es denigrar gratuitamente.

Esta realidad no es descartable que provenga de las tertulias televisivas o radiofónicas, donde se reúnen a diario personas para disertar de asuntos que no necesariamente conocen. Lo que comentan, aunque constituyan auténticos disparates, se consume a granel por el personal, trivializando cada vez más asuntos, por más que resulten controvertidos técnicamente, al convertirlos en materias opinables.

Como es natural, no contamos con la preparación suficiente para abordar todos los temas con un mínimo de rigor. Pensar de otro modo lo encuentro de una gran insensatez. Por eso, al igual que existen moderaciones en muchas webs para evitar la perpetración de ilícitos, pienso que deberían idearse otras para limitar los espacios a aquellos mínimamente aceptables. O simplemente impedir la participación en aquellas materias que no sean generales o abstractas, dado el pésimo nivel que hemos alcanzado.

El derecho fundamental a la libertad de expresión es un enorme logro de las sociedades democráticas, pero no ampara ni el insulto gratuito ni la ignorancia supina, por más que se vista de seda. Una cosa es opinar y otra hacer el ridículo, de manera que bien haremos en aplicarnos el cuento y hablar o escribir solamente cuando sepamos al menos de qué va la cosa.

32.- CONTRA EL PESIMISMO (*La Vanguardia*, 6 de abril de 2016).

Como las buenas noticias acostumbran a no ser noticias, se ha instalado entre nosotros un pesimismo neurótico. Invaden las conversaciones pensamientos rumiantes, críticos, callejones sin salida. Con el despertador, comienza una cantinela de informaciones desagradables que alcanza a la noche, atravesando tertulias de opinadores cenizos o de programas con contenido calculadamente capcioso en un sentido o en el contrario, sin términos medios. "*Siempre negativo, nunca positivo*", como censuraba aquel entrenador holandés.

Debe de tener algo de ficción todo esto. Desde que me levanto, no percibo tal negatividad, y no me parece que viva en ningún oasis babilonio. Lo que noto es la compañía de gente extraordinaria, que trata de estar en lo que toca y que intenta hacerlo de la mejor manera. Por supuesto que existen personas que no comparten esas características, pero pregúntese si son la mayoría que le rodea. Coincidirá conmigo: son minoría y, si molestan mucho, o les enseñamos o los soportamos, como recomendaba Marco Aurelio.

Quienes ponen las calles, hacen guardia en los hospitales o atienden los servicios públicos o establecimientos privados, lo efectúan a diario con el convencimiento de que, aunque el fin sea lo esencial, el medio es tan importante o más. Despertarse muy temprano cuando no se tiene costumbre es un observatorio muy interesante para descubrir esto: a esas horas se adivinan experiencias enriquecedoras que no se dan a otras horas de la jornada.

Cada día viene cargado de noticias buenas, salgan o no en los telediarios. Desde luego que nunca faltan los problemas –graves, gravísimos o inventados–, pero eso mismo ya es algo positivo, por lo que tiene de reto cotidiano que superar. Todos conocemos situaciones pésimas que se logran vencer o éxitos personales que nos enorgullecen. Y lo hacemos esperanzados en que hoy puede ser aquel gran día imposible de recuperar de la canción de Serrat.

La clave es el camino. En él se concentran muchos de los secretos de esta felicidad sin foco. El proceso para conseguir cada meta es la razón escondida de infinidad de acontecimientos positivos que cada día vivimos. La senda es, pues, el gran desafío.

33.- PÍO, PÍO (*Sumando Historias*, edición impresa, 1 de septiembre 2015).

Me acuso de no ser tuitero. Pido humildemente perdón por no tuitear ni comprender demasiado la necesidad de hacerlo. Reconozco mi culpa y confío en la generosa indulgencia de los tuiteros que me lean. Y de aquellos otros que lo hagan tras tuitearse esto. En mi descargo diré que soy de la generación del Zx Spectrum, del 286, de las maquinitas de juegos de moscas, comecocos y tetris. Pero mis capacidades no han llegado al 2.0. Me he quedado en el 0.5. Lo siento mucho.

No tuiteo. Esa es la cruda realidad. Y no lo hago pese a que me han explicado repetidas veces que mi vida cambiaría de forma espectacular. Soy un completo terco: no quiero admitir las bondades que ha proporcionado al mundo contemporáneo twitter. Jamás hubiéramos llegado adonde hemos llegado si no fuera por este sistema consistente en mandarnos bobadas cada segundo. Sí, ya sé que junto a las tonterías se remiten también adagios del emperador Marco Aurelio y cosas sumamente provechosas. Pero no es seguro que ello suceda siempre.

Personas muy sensatas me han avisado con severidad que mi existencia corre peligro si no abrazo a la mayor brevedad el tuiteo. Me recomiendan con insistencia que tuitee ya, que el universo aguarda con alborozo mis tuits. Imploran que haga el favor de empezar a mandar a la gente frases cortas con aquellas ocurrencias que estime más convenientes. O sandeces, siempre que no superen los 140 caracteres.

Como es imposible detener el tsunami tuitero que nos invade, he claudicado. He decidido aceptar mi incorporación inmediata a twitter, y así lo pienso notificar formalmente mañana mismo a sus oficinas centrales de Palo Alto, California, siempre que algún alma caritativa se ocupe de tal artefacto y de su funcionamiento, ya que carezco de formación especializada en el apasionante envío al prójimo de oraciones gramaticales con algún contenido.

Si esto sirviera para mandar recados, podría entenderlo mejor, pero no quiero volver sobre ello: es una herramienta fantástica que nos ha cambiado como sociedad, que hará caer gobiernos y separará los océanos... Pero yo no lo acabo de ver por mi incapacidad completa para advertir los grandes avances de la humanidad. Soy una nueva víctima y, aunque he logrado no sucumbir a Tuenti, no lo he conseguido con twitter. He perdido.

Comenzaré pronto -o encargaré más bien que lo hagan por mí- a tuitear a tope lo primero que me/les apetezca, para que los habitantes del planeta, si así lo desean, puedan comprobar el nivel intelectual de atesoro. O mi grado de estupidez.

De igual modo, permitiré que mi cuenta de twitter se conecte directamente con las plataformas digitales en las que pondré más pronto que tarde fotos a todo color de las paellas/costilladas que preparo para los amigos, o para que comenten lo bien que me sienta mi último corte de pelo.

En este caso, además, ello me permitirá saber todo de todo el mundo, y seguirlos obsesivamente, glosando los avances o retrocesos de mis/sus michelines y alopecias; mis/sus fascinantes vacaciones en el mar; o las simpáticas cabriolas de mis/sus mascotas, videos incluidos.

Prometo que no dedicaré más de nueve horas al día a ocuparme de estas cosas. Si no fuera así, no tendría tiempo suficiente para trabajar, leer, estar con mi familia y hacer algo de deporte, actividades que estimo secundarias e intrascendentes. Para mí la vida pasa por dedicar el mayor número de momentos a seguir en la pantalla de mi tableta o móvil las cosas que me van o voy diciendo, aunque nada tenga interesante que decir ni oír.

Por último, usaré los dedos de mis manos con empeño cuando recorra las calles para decirles a todos mis followers dónde estoy y adónde me dirijo, aunque no lo sepa. No me importará tampoco que me dé de bruces con una farola o un viandante, porque iré bien pertrechado de cascos y no lo sentiré.

Viviré, en suma, una completa vida virtual, que tiene de vida lo que yo de monje del Tibet.

34.- SUSTANTIVAR (*Sumando Historias*, edición impresa, septiembre de 2014).

"*Sustantive, no adjetive*", solía recomendarme aquel viejo profesor del colegio. Trato desde entonces de actuar así, pero me permitirán que hoy me detenga un poco en los adjetivos, o más propiamente en los comportamientos de este tipo que se extienden por doquier. Ya saben que el maestro Josep Pla fumaba precisamente para adjetivar mejor.

Creo que lo contrario de la uniformidad no es la extravagancia, sino la normalidad. Tan odiosa es una sociedad vestida de caqui como aquella en la reinan las rarezas. Sin embargo, advierto que se extiende cada vez más lo chocante y extraño, lo que es de discutible gusto y una ordinariez, aquello que la actual dictadura de lo políticamente correcto se empeña en elevar a categoría de habitual y, por esa vía, de algo normal, corriente, incluso digno de seguirse como moda recomendable.

Para quienes somos padres de niños pequeños, ver con ellos la televisión se ha convertido en una práctica de alto riesgo. Nunca sabes cuándo va a salir algo que tus esquemas morales no admiten, incluso en horario infantil. Además de que la realidad de la calle no necesariamente coincide con la que aparece en la pantalla, sino todo lo contrario.

Lo que veo todos los días en mi ciudad son personas normales, de todo tipo, altas y bajas, gordas y flacas, vestidas de una forma u otra y con tal o cual peinado o sin un pelo en la cabeza. Pero no he logrado hasta ahora toparme con esa colección de frikis que los medios insisten en colocarnos a todas horas en el salón de nuestra casa. El circo o tren de la bruja corres riesgo de cierre por no sorprender ya a nadie: tenemos a sus protagonistas dando la tabarra en prime time, de lunes a domingo.

Somos esa inmensa mayoría silenciosa de la que hablara De Gaulle la que, dentro del generoso marco de la normalidad, actúa cotidianamente guiada por los cánones más elementales de la convivencia humana. Y, por más que se intente, lo soez y vulgar no lo tendrá nada fácil para imponerse. Nadie conseguirá convertir lo repugnante en bello, ll desagradable en agradable, lo horrible en elegante, o lo extraño en común. Y, si lo siguen haciendo desde la televisión, que no se quejen cuando decidamos llevar ese electrodoméstico al trastero.

Lo importante, claro, es siempre el contenido y no el continente. Pero esa insistencia en meternos por los ojos la excentricidad y hacerla pasar con terquedad por regla o pauta de comportamiento general está pasando de castaño a oscuro, como dice mi madre. Llamar la atención es lo más opuesto a la normalidad, y quien da la nota seguro que espera seguir teniendo ese protagonismo o singularidad que le destaque de los demás; así que incluso desde su peculiar perspectiva cualquier forma de propagar sus modos y maneras –de hacer normal lo anormal, vaya-, está abocada al fracaso.

Seguro que entre todos seremos capaces de evitar que el año entero se convierta en un carnaval permanente.

35.- LO QUE NO ES TENDENCIA (*El Confidencial Digital*, 29 de septiembre de 2016).

Las pantallas de la tecnología, de las que no nos despegamos, permiten infinidad de cosas. Sin embargo, no alcanzan a los asuntos humanos más sensibles, que ni tan siquiera rozan. Nuestro mundo tiene ya mucho de ciencia ficción en presente, si bien en lo fundamental permanece inalterable.

Dos estampas me han conmovido este año. Tanto una como otra llegaron sin previo aviso, aunque era seguro que sucederían algún día. Como ocurre cuando se presencia algún fenómeno celeste, en ambos casos el tiempo se detuvo.

La primera la contemplé en la primavera de Oregón. En Mount Angel, pequeña localidad del norte. Recorriendo los jardines de una abadía benedictina fundada en un cerro hace un siglo, me despertó la curiosidad un estrecho corredor que se abría al costado de una secuoya centenaria. Al traspasarlo, alcancé de repente un suave promontorio donde pude divisar, con estremecimiento, la más hermosa acuarela que el ojo humano pueda ver. Un fascinante panorama tamizado de innumerables tonalidades de verde, con ranchos desperdigados en el horizonte, ganado diminuto por el efecto visual de la lejanía, nubes blanquísimas y una quietud ni tan siquiera interrumpida por la brisa. Hubiera deseado seguir allí, mirando absorto tanta belleza. Recuerdo haber comentado a quienes me acompañaban que nunca había visto algo tan precioso. El sorprendente descubrimiento de ese paisaje insuperable me ayudó a pasar página de algunos episodios que acababa de experimentar, también sin esperarlos.

La segunda imagen data del verano. Sigo un orden cronológico de acontecimientos, pero pronto se comprenderá que supera en intensidad a la anterior. Tampoco en esta oportunidad tuvo nada que ver la técnica.

Hasta ese día de finales de julio, no había visto morir a nadie. Nunca había contemplado la agonía, el severo final de trayecto, el débil suspiro terminal, el silencio entrecortado de sollozos que sigue a todo fatal desenlace. Me estrené en todo ello con un ser muy querido. Esa visión inolvidable del tránsito de quien se ama es el de nuestra grandeza y profunda fragilidad. El dolor físico de quién se va y la congoja de los que quedamos constituye el mejor lienzo, que se repite a cada momento en cualquier lugar y que solamente quien lo ha vivido conoce su hondura, tan devastadora.

La inesperada y serena hermosura del valle de Oregón tuvo para mí en los jadeos del estertor su contrapunto más auténtico, el contraste más sugerente. Desde luego, quisiera quedarme todavía en la cima de Mount Angel, oteando ensimismado la campiña, y no en aquella habitación en que los cegadores rayos del sol de julio atravesaban la persiana como alfileres. Ni una cosa ni la otra dependen tampoco de los deseos, tan limitados, porque la vida sale al encuentro sin anunciar, aunque estemos preparados para lo que nos pueda deparar.

Ninguno de estos escenarios han sido cosa de *youtubers*, ni los he encontrado por consejo de *influencers*, ni creo que sean jamás *trendic topic*. No los guardé tampoco en la galería de mi *Smartphone*, ni me he hecho camisetas de tirantes en su memoria. Pero, aunque no sean tendencia ni falta que les hace, apuntan a lo más profundo, ya que para apreciar lo esencial sobre el ruido virtual y bastan los sentidos y la contemplación serena.

Desconozco si el futuro nos proveerá de una tecnología que sienta y padezca como los humanos. Si se logra, debiera al menos de alcanzar la emoción que se experimenta con una vista sobrecogedora o con la escena del ocaso de una biografía plena.

Todo lo que no conduzca a eso es un puro camelo, humo pasajero. Como lo son ahora tantísimas cosas que a cada minuto consumen nuestras horas y que convierten a muchas de las nuevas formas de informarse y comunicarse en material inservible y difícilmente reciclable.

Para lo primordial, no hay *selfies* que valgan. Ni pantallas que puedan sustituir a la mirada del hombre, la insuperable puerta de entrada a lo más fascinante de nuestra existencia.

36.- SER UN RADICAL (*El Confidencial Digital*, 11 de octubre de 2016).

Escuché el otro día a una madre reprocharle a su hijo cuarentón que era *"un poco radical"*. Su forma de pensar y actuar, de organizarse y de relacionarse con los demás defendiendo su manera de vivir, merecían para ella ese calificativo.

Tanto la madre como el hijo comparten el mismo contexto ideológico, llamémosle conservador. Pero la madre octogenaria advierte en su vástago rasgos de inmovilidad en sus tesis, refractarias en gran medida a las olas que vienen y van. El criterio materno no es partidario tampoco de esas modas, que asume que han de ser toleradas e incluso convivirse con ellas, extremo que no comparte del todo su hijo, convencido de que han de ser al menos enfrentadas, máxime si desvarían o impiden que pueda poner en práctica su manera tradicional de entender la vida.

A buen seguro, la madre no ha necesitado nunca reforzar su pensamiento, al haber desarrollado su existencia en un entorno poco hostil a la ortodoxia. Su hijo, en cambio, debe vérselas ahora con un panorama diferente, en el que buen número de arquetipos se han venido abajo o luchan por sobrevivir a duras penas, pretendiendo ser sustituidos por otros no necesariamente mejores ni tampoco compatibles con los que siempre han funcionado.

Un no sé qué me dice que si el hijo participara de esas corrientes ardorosas y extremadas que tanto encandilan hoy, en especial las del *revival* caramelizado de doctrinas sanguinarias y calamitosas, dudo que su madre le recriminara tal radicalidad. Se ha impuesto un escenario en el que es permisible, e incluso *cool*, militar en fanatismos de un signo pero no del contrario, sin duda como consecuencia del dominio de la propaganda por unos y la indolencia de los demás.

Qué duda cabe de que el clima templado es el que suele deparar mejores frutos. La mesura, la aceptación de los diversos criterios, alimentan a la prudencia. Pero hacen mucho más que eso: facilitan la convivencia en alto grado, permitiendo que nos ocupemos de lo que realmente importa. *"Inseparable compañera de la injusticia es la intemperancia"*, dejó escrito Fray Luis de León.

No obstante, se olvida con frecuencia que la moderación limita por abajo con la cobardía y por arriba con la temeridad. En ese punto medio era donde Aristóteles situaba precisamente al valor. Como sucede con las virtudes cardinales, unas operan como fronteras de las otras, de modo que contemporizar cuando procede la firmeza no logra siempre encajar en dicho marco.

La cuestión actual estriba en que determinados modelos de vida y sociales que se abren camino no solamente toleran con dificultades los ya existentes, sino que han llegado para desafiarlos, con indisimulada voluntad de acabar con ellos. Ante esta disyuntiva, desde luego no cabe hablar de radicalidad, sino de una simple muestra de fortaleza en quienes se sienten objetivamente amenazados en su derecho a vivir su vida como consideran más conveniente, sin obligar a nadie a hacerlo así, reclamando el más elemental respeto a dicha libertad.

Así pues, cuando la madre le llamaba a su hijo radical, lo que quería más bien era calificarlo de valiente. No seas tan valiente, hijo mío, hubiera sido lo más correcto.

Ser fundamentalista, fanático, extremista, es de lo peor que se puede ser en cualquier ámbito. Ser valiente es harina de otro costal, quizá lo que demandan tantos asuntos en la actualidad, presidida aún por soflamas del siglo pasado que porfían en llevarnos al pozo vestidos de caqui.

37.- LOS PUPAS. (*El Confidencial Digital*, 20 de octubre de 2016).

Frente a las imágenes de aeropuertos a reventar, de restaurantes que no reservan si no llamas unos días antes, de carreteras repletas de vehículos nuevos mejores que el tuyo, o de repartidores entrando y saliendo de los portales tras entregar las compras por internet, se alza el insufrible quejido del pupas, que ni ve nada de eso ni lo quiere ver.

No se trata de un problema oftalmológico. El pupas es un sujeto que disfruta con las calamidades, reales o inventadas. Su espíritu quejumbroso le lleva a hacer santo y seña de los más variados infortunios o adversidades, que utiliza como arma arrojadiza frente a quienes considera sus culpables, que siempre son todos aquellos que no comparten sus cenizas ideas. En su peculiar observatorio, las estadísticas se retuercen y no hay noticia positiva que no resulte materia de los más imaginativos falseamientos.

Cada dato del desempleo arrojando resultados esperanzadores, se torna en inmediato recuerdo de quienes aún no han salido de esa descorazonadora situación. Las previsiones macroeconómicas optimistas de las instancias internacionales, cuando no son tildadas abiertamente de falsas, se convierten en espejismos o en simples ejercicios de propaganda por sus artífices, porque el pupas es persona que jamás hace uso de ningún método que no se funde en la objetividad. En la suya, por supuesto.

Cuanto peor, mejor, piensan los pupas. Su caldo de cultivo es precisamente ese, el de predicar a los cuatro vientos la inminente llegada del jinete montando el caballo negro del Apocalipsis. Su demora les saca que quicio, y no digamos nada si lo que asoma es el caballo blanco.

"Tú no puedes apreciar con propiedad el color de la cuestión, porque desde la barrera sueles ver toros que no son y que parecen ser", interpretaba en los setenta un célebre cuarteto en una de las canciones protesta más celebradas por la *gauche divine* instantes antes de convertirse en *gauche caviar*. Esta visión distorsionada la padecen hoy un buen puñado de personas que, siguiendo aquel himno setentero, *"de vicio criticón, no dan la talla de profesional"*.

Los pupas no quieren dar ideas para mejorar, ni para sacar de las dificultades a quienes aún no pueden comprobar en su caso la progresiva mejora que experimentan las cosas, tras el hundimiento producido por quienes ansiaban escrutar nubes. Lo suyo es la cantinela del victimismo, a lomos de la cual pretenden la victoria final. Unos pelmas de tomo y lomo.

38.- DON QUIJOTE Y EL DERECHO (Extracto del Discurso de clausura del Curso Académico 2015/2016 de la Facultad de Derecho de UIC Barcelona, 14 de mayo de 2016).

Don Quijote, en su carta a Sancho Panza como gobernador de la ínsula barataria, le ofrece unas recomendaciones que siempre procede traer a colación cuando del derecho se habla.

Algunos de esos sabios consejos continúan vigentes siglos después, y por ello han de servir como guía personal y profesional a quienes depositan en las facultades de leyes el reto de su formación como personas y como juristas. Se trata, además, de reflexiones con profundo trasfondo jurídico, por lo que encajan a la perfección en quienes alberguen alguna inquietud hacia el ámbito legal.

Comienza Alonso Quijano por las formas, proponiendo a su amigo Sancho lo siguiente:

"Vístete bien, que un palo compuesto no parece palo: no digo que traigas dijes ni galas, ni que siendo juez te vistas como soldado, sino que te adornes con el hábito que tu oficio requiere, con tal que sea limpio y bien compuesto".

Sobre el derecho en sí, don Quijote ruega a Sancho que:

"No hagas muchas pragmáticas, y si las hicieres, procura que sean buenas, y sobre todo que se guarden y cumplan, que las pragmáticas que no se guardan lo mismo es que si no lo fuesen, antes dan a entender que el príncipe que tuvo discreción y autoridad para hacerlas no tuvo valor para hacer que se guardasen; y las leyes que atemorizan y no se ejecutan, vienen a ser como la viga, rey de las ranas, que al principio las espantó, y con el tiempo la menospreciaron y se subieron sobre ella".

Sobre la compostura personal y moral, Don Quijote anima a su amigo a:

"Ser padre de las virtudes y padrastro de los vicios. No seas siempre riguroso, ni siempre blando, y escoge el medio entre estos dos extremos, que en esto está el punto de la discreción (…) no te muestres, aunque por ventura lo seas, lo cual yo no creo, codicioso, mujeriego ni glotón; porque en sabiendo el pueblo y los que te tratan tu inclinación determinada, por allí te darán batería, hasta derribarte en el profundo de la perdición".

En lo referido a la profesión jurídica, también Don Quijote sugiere algo de sumo interés:

"Mira y remira, pasa y repasa los consejos y documentos que te di por escrito antes que de aquí partieses a tu gobierno, y verás cómo hallas en ellos, si los guardas, una ayuda de costa que te sobrelleve los trabajos y dificultades que a cada paso a los gobernadores se les ofrecen".

Y, en fin, termina Don Quijote exhortando a Sancho algo en lo toca siempre insistir, en el mundo jurídico y en cualquier otro:

"Escribe a tus señores y muéstrateles agradecido, que la ingratitud es hija de la soberbia y uno de los mayores pecados que se sabe, y la persona que es agradecida a los que bien le han hecho da indicio que también lo será a dios, que tantos bienes le hizo y de continuo le hace".

Las enseñanzas de Don Quijote a su escudero son las que más contribuyen a la formación de un jurista: el de ser buenas personas como camino para ser buenos profesionales, el de llegar a ser buenos juristas y también juristas buenos. Todo lo que se salga de ahí, poco tiene de provecho y nula utilidad traerá.

www.ingramcontent.com/pod-product-compliance
Lightning Source LLC
Chambersburg PA
CBHW071357310526
45789CB00020B/403